Karl Fischer

Staats-, Wirtschafts- und Sozialpolitik auf höheren Lehranstalten

Karl Fischer

Staats-, Wirtschafts- und Sozialpolitik auf höheren Lehranstalten

ISBN/EAN: 9783743494893

Hergestellt in Europa, USA, Kanada, Australien, Japan

Cover: Foto ©Suzi / pixelio.de

Weitere Bücher finden Sie auf **www.hansebooks.com**

Staats-, Wirtschafts- und Sozialpolitik

auf

höheren Lehranstalten.

Ein Entwurf

von

Professor Dr. **Karl Fischer,**
Direktor des Königl. Realgymnasiums.

WIESBADEN.
Buchdruckerei von Karl Ritter.
1892.

Inhalts-Verzeichnis.

Vorbemerkungen.

Seite.

I. Abschnitt. Die „Wissenschaft".
1. Kapitel. Lehrt die Wissenschaft vom Staate die Republik? . 9
2. Kapitel. Lehrt die Wissenschaft der Nationalökonomie den Sozialismus? 13
3. Kapitel. Der moderne Wissenschaftsbegriff und die bezüglichen Lehren der Sozialdemokratie 29
4. Kapitel. Der Darwinismus und die Sozialdemokratie . . . 44

II. Abschnitt. Wie will die Sozialdemokratie ihre vermeintliche Wissenschaft zur Geltung bringen?
1. Kapitel. Die frühere Methode 52
2. Kapitel. Die neue Methode 57

III. Abschnitt. Was hat demnach die Schule zu thun? . . . 66

IV. Abschnitt. Wie hat dies die Schule zu thun?
1. Kapitel. Der Stoff der Unterweisung 70
2. Kapitel. Die Methode der Unterweisung 87
3. Kapitel. Die Erziehung 89

Vorbemerkungen.

In dem Allerhöchsten Erlaſs an das Staatsministerium vom 1. Mai 1889 wird von der Schule verlangt: „Sie muſs bestrebt sein, schon der Jugend die Überzeugung zu verschaffen, daſs die Lehren der Sozialdemokratie nicht nur den göttlichen Geboten und der christlichen Sittenlehre widersprechen, sondern in der Wirklichkeit unausführbar und in ihren Konsequenzen den Einzelnen und dem Ganzen gleich verderblich sind."
Die Lehren der Sozialdemokratie hat Bebel in der Sitzung des Reichstags vom 31. Dezember 1881 (Stenogr. Ber. S. 657) in folgender programmatischer Forderung zusammengefaſst: „Auf politischem Gebiet die Republik, auf ökonomischem der Sozialismus, auf dem was man heute religiöses Gebiet nennt, der Atheismus."
Die Religion ist, wie derselbe in der Sitzung vom 23./1. 1891 sagte, „nur ein Mittel zur Ausbeutung des Volks" und Liebknecht proklamierte am 25. Januar 1890: „Die neue Religion für die Massen ist die Sozialdemokratie." Der „Volksstaat," an dem die eben Genannten, sowie Marx, Engels u. a. arbeiteten, erklärte (August 1870), „das Volk will Gottes Sohn sein." Dasselbe Blatt schreibt (9./3. 1874), „Christentum und Sozialismus stehen sich gegenüber wie Feuer und Wasser," „die christliche Kirche ist ein tollphantastisches Religionssystem" (17./9. 1876). Vom Christentum sagt der „Züricher Sozialdemokrat" am 25./5. 1880: „Wie eine so blödsinnige Religion, wie das Christentum ist, überhaupt nur bei

der gänzlichen Verkommenheit der Menschheit vor 2000 Jahren Wurzel schlagen und sich ausbreiten konnte, so hat es seitdem immer dahin gestrebt, Not und Elend nicht etwa aus der Welt zu schaffen, sondern dieselben für seine Zwecke und zum Deckmantel für seine sonstigen Sünden und Verbrechen auszunutzen."

„Sittlichkeit und Moral," sagt Bebel, „haben mit der Religion nichts zu thun; das Gegenteil behaupten Einfältige oder Heuchler" (die Frau und der Sozialismus, 10. Aufl., S. 315). Christus stellt er — nach der ganz mifsverstandenen Stelle Math. 19, 12 — als den Propheten der Entmannung hin und nach dem Christentum sei die Frau die „Unreine" (das. S. 42). Die „Sächsische Arbeiterzeitung" lobt (23./4. 1890) die „Proletarier," dafs sie ihren Kindern „kälter" gegenüberstehen als die Bourgeois; „die grofse Kindersterblichkeit" ist ihr „eine sehr glückliche Thatsache; denn dadurch werden schwächliche und untaugliche Individuen gleich von vornherein ausgeschieden." Ferner: „Die Arbeiter können die Ehe auf Probe realisieren, und sie thun es auch fast durchgängig." Die Eheleute mögen wieder „auseinander geben," wenn sie einander nicht mehr „passen." „Das ist die freie Liebe, welche der Polizeimoral so gefährlich erscheint." „Die bornierte Idyllpoesie des eignen Heims" wird verschwinden, wenn die Frau nicht mehr kocht, wenn vielmehr „die Zurichtung der Speisen ebenso wie die Erziehung der Kinder die Funktion bestimmter Leute wird, welche dieselbe für eine Reihe von Familien besorgen." Wie die Sozialdemokratie die Zufriedenheit für einen ihrer schlimmsten Gegner erklärt, so will sie auch nichts von Autorität wissen. Liebknecht erklärte auf dem Hallenser Parteitage: „Wir erkennen weder im Himmel noch auf Erden eine Autorität an" und anderwärts wird sie als die Wurzel alles Übels bezeichnet. Diese Zusammenstellung mag vorläufig genügen. Es erübrigt hier die Frage: Wie kommen die Sozialdemokraten zu solchen „Lehren?" Darauf antwortet Bebel und alle „Genossen," auch die „Jungen" sind damit einverstanden: „Der Sozialismus ist die mit klarem Bewufstsein auf alle Gebiete menschlicher Thätigkeit angewandte Wissenschaft." („Die Frau" etc. S. 372.)

Es wäre demnach im folgenden zu untersuchen:

I. Die Ergebnisse der „Wissenschaft."
II. Wie will die Sozialdemokratie ihr Wissen zur Geltung bringen?
III. Was hat demnach die Schule zu thun?
IV. Wie hat die Schule dies zu thun?
    1. Durch thatsächliche Unterweisung.
    2. Durch die dabei anzuwendende Methode.
    3. Durch die Erziehung.

Die Ungleichheit der folgenden Behandlung ist bei der Knappheit des Raumes durch mehrere Rücksichten veranlafst. Einmal bedurfte es einer genaueren Behandlung der Grundlagen, sodann konnte überall da, wo bekannteres Gebiet (Abschnitt IV) betreten wird, so kurz als möglich verfahren werden; endlich war, da alle einschlägigen Ausführungen aus der Praxis geschöpft und für dieselbe niedergeschrieben sind, dem entsprechend die Ausdehnung derselben bemessen.

Wiesbaden, im August 1891.

Der Verfasser.

I. Abschnitt. „Die Wissenschaft."

1. Kapitel.
Lehrt die Wissenschaft vom Staate die Republik?

Die Sozialdemokratie behauptet, auf „politischem Gebiet" lehre die Wissenschaft die Republik.

Offenbar könnte die Wissenschaft dieses Ergebnis auf einem doppelten Wege erreicht haben: auf theoretischem, d. h. also im Staatsrecht und der allgemeinen Politik bzw. Philosophie, sowie auf praktischem, d. h. in der Geschichte. Betrachten wir zunächst, wohin der theoretische Weg die Wissenschaft geführt hat.[1)]
Die ältesten Kulturstaaten, von denen wir Kunde haben, China, Assyrien, Babylonien, Ägypten, kennen nur Monarchien. Diesem Sachverhalt entspricht denn auch ihr Staatsbewufstsein und diesem ihre Staatswissenschaft, insofern man überhaupt dort von einer solchen reden kann; die Priesterstaaten der alten Welt, die Theokratie Israels, sind noch weiter von der Republik entfernt. Unter den antiken Lehrern der Staatswissenschaft giebt es meines Wissens nur 3 selbständige Denker, welche sich über die Verfassungsfrage nachweislich ausgelassen haben: Sokrates, Plato und Aristoteles. Sokrates ist der Meinung, dafs den Kundigen, den Sachverständigen die Herrschaft gebühre; der gute Herrscher müsse gleichsam ein „Hirt der Völker" sein, die glücklich zu machen er bestrebt sein müsse. Plato's Lehre ist durchaus aristokratisch und transscendent, er hat ein ethisch-politisches Ideal, an welches die Hierarchie des Mittelalters sich anlehnen konnte. Aristoteles erkennt drei Staatsformen als gesund und gut an: Monarchie, Aristokratie und gemäfsigte Demokratie; er lehrt, jede von diesen

---
[1)] Vgl. Bluntschli, Gesch. des allg. Staatsrechts.

sei da am Platze, wo sie den thatsächlichen Verhältnissen entspreche. Erwägt man, dafs alle diese Männer nur den kleinen "Stadtstaat," keinen nationalen oder gar repräsentativen Staat in unserem Sinne kannten, so bietet die Wissenschaft hier nur ein Ergebnis, welches dem angeblichen in keiner Weise entspricht. Ähnlich ist es im Mittelalter, in dem es in unserem Sinne eine Wissenschaft nicht geben konnte, denn der Wissenschaftsbetrieb war in Trägern und Ziel kirchlich gebunden, und das herrschende Volk des Mittelalters, die Germanen, steckten zu tief in ihrem Individualismus, sowie in ihren genossenschaftlichen Anschauungen, als dass man im Mittelalter hätte zu einem klaren und selbständigen Staatsbewufstsein und dem entsprechend zu einer Staatswissenschaft gelangen können. Am deutlichsten tritt das Staatsgefühl, angelehnt an die ererbten Vorstellungen vom römischen Kaisertum, als kaiserliches gegen das Papsttum in Dante, Occam, Marsilius v. Padua, Jandun u. A. hervor; von der Republik ist überall nicht die Rede.

Erst Machiavelli hat ein energisches und scharf ausgeprägtes nationales Staatsbewufstsein: Nationale Einigung Italiens erfüllt ihm Kopf und Herz so, dafs alles andere dahinter zurücksteht. Dieser heifse Patriotismus hat ihn zu einem so vielfach mifsdeuteten wie mifsverstandenen Buch wie "der Fürst" ist, veranlafst; seine florentinische Heimatsrepublik und die mifstrauische Engherzigkeit des ersten Medizeers gegen ihn liefsen ihm allerdings die republikanische Staatsform als Ideal erscheinen, wenn sie die aristokratische Färbung der altrömischen Republik annimmt, von der Niemand weniger wissen will wie die Sozialdemokratie. In der Theorie steht er etwa auf dem Standpunkt des Aristoteles: Jede der drei guten Regierungsformen desselben können leider nur kurzen Bestand haben, "weil kein irdisches Mittel verhindern kann, dafs sie nicht wegen der Ähnlichkeit, die in diesem Falle die Tugend und das Laster haben, in die ihr entgegengesetzte ausartet." (Discorsi I, 1. Kap.) Daselbst, Kap. 3, lehrt er — ebenfalls im schärfsten Gegensatz gegen die Sozialdemokratie, welche die Menschen -- nach Rousseau — für gut von Natur und Hunger und Armut für Schandflecke des "reaktionären Staats" halten, — "die Menschen thun niemals etwas Gutes, wenn sie nicht dazu gezwungen sind;" "Alles gerät in Verwirrung und Unordnung, sobald ihnen freie Wahl bleibt und sie sich gehen lassen können. Man sagt daher, Hunger und Armut machen die Menschen betriebsam, die Gesetze machen sie gut." Die Sozialdemokratie fordert die demokratische Republik unter der „Kontrolle des arbeitenden Volks," Machiavelli lehrt (1. Kap. 34), „die Menge ohne Haupt ist unnütz." Der nächst ihm zeitlich der bedeutendste Staatsrechtslehrer Bodin lehrt, dafs die Familie, wie sie bestehe, das Grundelement des Staats sei, dafs man Privatgut so wenig entbehren könne wie Staatsgut; er, der Begründer des Souveränitätsbegriffs, lehrt, dafs nur ein König Souverän sein könne, und zwar von Gottes Gnaden. Auch H. Grotius, obgleich als Republikaner geboren und von den Monarchisten seiner Heimat schwer getroffen und des Vaterlandes bis an sein Ende beraubt, lehrt keineswegs die Republik, sondern nur neben der „Fürstensouveränität" die „Staatssouveränität." Die ersten, welche die Volkssouveränität — aber im spezifisch christlichen Staate — lehren, sind der Jesuit Bellarmin und der Puritaner Milton; aber auch sie lehren keine Republik, sondern eine beschränkte Monarchie, während Milton's Zeitgenosse, der Freidenker Hobbes, gerade die absolute Monarchie theoretisch zu begründen sucht und praktisch zu fordern nicht aufhört. Auch die grofsen deutschen Staatsrechtslehrer des 17. Jahrhunderts, wie Pufendorf und Thomasius sowie Leibnitz ziehen unter allen Staatsformen die Monarchie vor; auch ihre französischen Zeitgenossen sind entschiedene Monarchisten, wie Fénélon und Bossuet, welcher die königliche Autorität als von Gott gesetzt für heilig und absolut erklärt. Der scharfsinnige Locke spricht sich zu Gunsten keiner bestimmten Staatsform aus, meint vielmehr, jede könne verderblich sein. Dagegen macht der tiefsinnige Neapolitaner Vico darauf aufmerksam, dafs die Staatsform wesentlich durch die Natur der Völker, ihren Wohnplatz etc. bestimmt sei; einer hohen Kultur entspreche übrigens nur die gemäfsigte Monarchie, die jedoch nur in der Gottesfurcht ihren Halt habe, denn „der wahre Gott ist der Urgrund wie der wahren Religion so auch des wahren Rechts und der wahren Rechtswissenschaft." Dafs Montesquieu und Mirabeau das konstitutionelle Königtum für das einzig haltbare erklärt haben, ist auch allgemein bekannt. Selbst ein Mann wie Rousseau, der Alles auf den Kopf stellt — die Funktionen des Staatsoberhaupts vergleicht er mit der Thätigkeit der Füfse —, trotzdem sein Ideal die Republik seiner Heimat Genf ist, erklärt die Monarchie für grofse Staaten für unvermeidlich; dafs er dabei der Theoretiker der französischen Revolution ist, kann hierbei aufser Betracht bleiben.

Monarchisten sind alle übrigen Philosophen, Staatsrechtslehrer, Staatsmänner und Politiker, die in der Wissenschaft und Praxis irgendwie eine Stellung innehaben, wie Kant, Fichte, Schelling, Hegel; W. v. Humboldt, Stein, Hardenberg, Burke, die Pitt, Pütter, Möser, die beiden Moser, Achenwall, Gentz, Johs. Müller, Savigny, Niebuhr, B. Constant, Zachariä, Mohl, Toqueville, Waitz, Gneist u. s. f.

Die „Wissenschaft" fordert also nicht die Republik, wie die Sozialdemokraten behaupten, sondern die konstitutionelle Monarchie für alle gröfseren Kulturstaaten; dabei macht sie geltend, dafs sich eins nicht für alle schicke, und dafs Länder wie die Schweiz und Amerika, sowie Frankreich unter besonderen Verhältnissen sich zu Republiken entwickelt bzw. zu ihnen gemacht worden sind. Bezüglich Frankreichs lehnt es die Wissenschaft entschieden ab, durch die noch bestehende Thatsache der Republik sich in ihrer Theorie bestimmen zu lassen. Selbst wenn aber auch die Wissenschaft lehren sollte — wie sie es nicht thut — dafs die Republik die beste Staatsform sei, so müfste sie — nach dem was diesbezüglich von ihr zu Tage gefördert ist — eine Republik fordern, die nicht minder weit von der sozialdemokratischen Republik entfernt wäre wie die konstitutionelle Monarchie.

Was lehrt denn die Wissenschaft von den bezüglichen thatsächlichen Vorgängen, also die Geschichte?

Die orientalische und ägyptische Geschichte kennt, wie bemerkt, nur Monarchie, oder Priesterstaaten bzw. Theokratien.

Die älteste antike Geschichte kennt ebenfalls nur ein Königtum, das allmählich von der Aristokratie beseitigt wurde: in Athen durch Lob, in Rom durch Tadel, in Sparta durch eigentümliche Umstände.

Einige Dauer haben überall nur aristokratische Republiken gehabt, demokratische nur solange, als ein hervorragender Mann sie leitete. Wer überhaupt etwas weifs, weifs auch dies. In der ganzen mittleren und neueren Geschichte giebt es auch keine dauernden Republiken, aufser den genannten. Als die Urkantone sich 1291 zur Aufrechterhaltung ihrer Freiheit gegen das Haus Habsburg zusammenschlossen, dachten sie an nichts weniger als an eine Republik; sie erstrebten vielmehr nur ihre Freiheit von Habsburg durch Reichsunmittelbarkeit; dafs diese sich für die Schweizer allmählich zur Republik gestaltete, ist richtig, beweist aber gar nichts für diese als solche, wie jeder vernünftige Schweizer sich ja auch darauf beschränkt, diese Regierungsform für sein Land als besonders geeignet zu bezeichnen; dafs diese Republik gar nicht nach dem Geschmack der Sozialdemokraten ist, beweisen sie durch ihr Verhalten gegen dieselbe, wie gegen die amerikanische und französische Republik. Die Befreiung Nord- wie Mittel- und Südamerikas war identisch mit der republikanischen Staatsform, und die Geschichte dieser Republiken dürfte auch dem blödesten Auge zeigen, dafs diese Staatsform an sich nicht die mindeste Garantie für die Wohlfahrt eines Volks bietet. Die Geschichte der ersten und zweiten französischen Republik spricht hierin noch eine deutlichere Sprache, und die der dritten, welche als „konservative Republik" begründet ist, hat noch nicht ausgesprochen. Jedenfalls sind aber auch alle diese Republiken in den Augen der Sozialdemokraten „reaktionäre Staaten," wie sie durch ihr Verhalten in ihnen, wie durch ihre Forderungen an sie fortwährend beweisen.

2. Kapitel.
Lehrt die Wissenschaft der Nationalökonomie den Sozialismus?

Diese Frage ist so gefafst worden, weil sie Bebel so gefafst hat. Dafs die Fassung falsch ist, kann selbst dann nicht bestritten werden, wenn man den Sozialdemokraten zugiebt, dafs die soziale Frage lediglich eine wirtschaftliche wäre. Bebel und seine Anhänger scheinen dies auch selbst zu fühlen und verwirren sich in Widersprüchen. Ist nämlich die soziale Frage nur eine wirtschaftliche, so hat weder die Regierungs- noch die Religionsform mit ihrer Lösung etwas zu thun, ist sie es aber nicht, dann kann auch die Wissenschaft der Nationalökonomie den Sozialismus nicht lehren, denn dies könnte nur die Wissenschaft von der Gesellschaft, die Soziologie. Indessen nehmen wir Herrn Bebel beim Wort und sehen wir, ob die Nationalökonomik, die Volkswirtschaftslehre, den Sozialismus lehrt.

Den Begriff der Volkswirtschaft kennt das Altertum nicht und kann ihn nicht kennen. Es hat weder einen Begriff, der sich mit „Volk" in unserem Sinne deckt, noch auch kann seine Wirtschaft mit der unsrigen verglichen werden, da sie auf der Sklaverei beruhte. Die antiken Philosophen und Staatsmänner halten die körperliche Arbeit, Handwerk- und Industriebetrieb für etwas des Mannes Unwürdiges; dem aristokratischen Plato ist die Volkswirtschaft der Staat der Schweine, für Aristoteles wie für die Römer giebt es nur eine erlaubte Erwerbskunst: die Bewirtschaftung des eigenen Bodens unter der Voraussetzung, dafs die Sklaven die körperliche Arbeit im engsten Sinne leisten.

Wie das Christentum erst den Begriff der Menschheit und deren organische Bestandteile der Nationen gebracht hat, so hat es auch erst die „Arbeit" geweiht. Wie in rein religiösen Angelegenheiten hat das Gesetz im alten Bunde auch für diese Angelegenheit gleichsam die Vorarbeit übernommen.

Zunächst ist hier vorauszuschicken, dafs es in Israel keine Stände, keine soziale Abstufung geben kann, weil alle Israeliten als Knechte Jehovahs gleich sind. Die besondere Ausnahmestellung des Stammes Levi bedingt keine Standesvorrechte. Da Jehovah allein Eigentümer des Landes, ist das Eigentum den Einzelnen nicht blofs, sondern auch den Familien, Geschlechtern und Stämmen zur Verwaltung übergeben; das Eigentum ist eine Gnade Gottes, es ist aber auch unter dieser Voraussetzung, sowie unter bestimmten gesetzlichen Einschränkungen ein Besitz, für welchen den Einzelnen, den Familien u. s. w. volles Eigentumsrecht zusteht; uneingeschränkt ist dies allen Nichtisraeliten gegenüber der Fall, die nur vorübergehenden Besitz erwerben können.[1]

Da Gott der Eigentümer ist, kann auch ein Landverkauf in unserem Sinne nicht stattfinden. Alle Immobilien sollten in jedem 50. Jahr, dem Jubel- oder Halljahr, an den ersten Verkäufer ohne Entschädigung zurückfallen; im Grund konnte also nicht das Grundstück, sondern nur sein Ertrag verkauft werden (3. M. 25, 15). Kanaan ist also ein Fideikommifs, dessen Eigentümer Jehovah und dessen Nutzniefser das Volk Israel ist (5. M. 23, 24 ff.). Wie hier also der gottvergessenen Selbstsucht, die unser ganzes Elend heraufbeschworen hat, ein starker Riegel zu Gunsten der Nächstenliebe vorgeschoben ist, so auch in einer grofsen Anzahl von Einzelbestimmungen. Da das Zinsnehmen von den eigenen Volksgenossen als gottlos verboten, jeder Handel somit wesentlich beschränkt, die

---

[1] Vgl. F. E. Kübel, die soziale und volkswirtschaftliche Gesetzgebung des A. T. 2. Aufl. 1891.

Industrie aber von keiner Bedeutung war, so war die Erwerbsthätigkeit fast nur auf die Landwirtschaft beschränkt und so in enge Grenzen beschlossen. Die Erwerbung grofser Reichtümer, sowie Latifundienwirtschaft waren unmöglich; Geldheiraten waren ausgeschlossen, weil kein Mädchen eine Mitgift zubrachte.
Wie im Gesetz übermäfsigem Reichwerden gesteuert werden sollte, so auch solcher Armut. Während der Erntezeit war für Jedermann gleichsam offne Tafel (5. M. 23, 24 ff.). Die Überreste bei jeder Ernte gehören den Armen (3. M. 19, 10; 23, 22; 5. M. 24, 19 ff.). Im Sabbat- wie im Jubeljahr ist wiederum offne Tafel; gerne leihen soll man dem Bruder, wie der Arme im Gesetz heifst, und Gott nimmt sich seiner besonders an (2. M. 22, 21 ff.; 5. M. 25, 29—43; 24, 10—13 u. s. w.).

Auch die Auffassung der Arbeit ist eine höchst gesunde. Vor dem Sündenfall hat der Mensch zwar auch Arbeit (1. M. 2, 15), aber nicht wie nach dem Sündenfall unter Sorgen um des Leibes und Lebens Notdurft, er hat nur den Garten zu bebauen und zu bewahren. Gleichsam als Erinnerung an jene freie und sorgenlose Arbeit des Paradieses ist nach dem Sündenfall der Sabbat, der Ruhetag in die Mühsal des Lebens gesetzt. Die sorgenvolle Arbeit im Schweifse des Angesichts bleibt in der Welt nach dem Sündenfall ein Gebot Gottes; der Ertrag dieser Arbeit ist nicht das Verdienst, sondern ein Segen Gottes (Ps. 127, 2). Diese Anschauung tritt auch deutlich bei der Spendung des Mannas hervor (2. M. 16, 5, 25—27, 19 f., 24, 18 u. 22, 20 u. 24).

Da Arbeit auf einem Gebot Gottes beruht, so sind Alle Arbeiter, da aber Besitzunterschiede thatsächlich vorhanden sind, so kann der Geringere seine Arbeitskraft vermieten als freier Tagelöhner (3. M. 19, 13) oder als Knecht; da er aber Jehovas Knecht bleibt, so mufs er spätestens alle 7 Jahre frei gegeben werden; jede Mifshandlung bringt ihm Freiheit (2. M. 21, 26 f.); wenn er abzieht, erhält er Versorgung (5 M. 15, 13 ff.); Leibeigner konnte ein Israelit nur durch eignen Willen werden (3. M. 25, 39 u. a.), oder wenn seine Mutter eine Heidin war; zu behandeln waren sie wie die Knechte, auch wenn sie Heiden waren. Alle aber hatten teil an der Sabbatruhe und allen Festen wie Familienglieder.

So weit erhaben auch diese Wirtschafts- und Sozialpolitik über die der ganzen übrigen alten Welt ist, so ist sie doch noch nationalisraelitisch und gesetzlich gebunden. Und wenn auch schon die

Keime zum Christlichen vorhanden sind (3. M. 19, 17), so ist es doch Christus erst, welcher das „neue" Gebot der Liebe gab, welcher die Nächstenliebe eine Bethätigung der Gottesliebe ist, welche sich auf alle Menschen und alle Gelegenheiten ihrer Bethätigung erstreckt. Christus erst hat alle jene Schranken weggeräumt.[1]) Auch nach seinem Sinn ist das Eigentum Gottes Gabe und der „Eigentümer" im Grunde nur Verwalter, Haushalter Gottes, der dem Gebot der Nächstenliebe alles zu opfern hat, denn nur das ewige Gut hat er unter allen Umständen zu bewahren. Nicht als ob die irdischen Güter überhaupt wertlos oder gar verwerflich wären, sie sind aber relative Güter, nämlich insofern sie dem höchsten Gute dienen. Die Knechte sollen ja mit ihrem Pfunde wuchern, aber in dem Einen Geiste, jeder soll in seinem Beruf und Amt arbeiten (1. Cor. 7, 20 ff.), aber bedenken, dass Ein Herr ist; damit aber jeder auch so wirken kann, an der Stelle, wohin er berufen ist, müssen die Andern für ihn eintreten, wenn ihm dazu die Mittel fehlen; die äufserste Armut vom Nächsten abwehren helfen, ist christliche Pflicht; der Unterschied zwischen Arm und Reich besteht im Christentum insofern, als dies fordern mufs, dafs dieser soweit ausgeglichen werden mufs, damit Jeder seinen Beruf im Reiche Gottes, soweit diese Welt in Betracht kommt, erfüllen kann, denn auch allzugrofser Reichtum ist sehr häufig hierin hinderlich (Mat. 19, 17 ff., Luk. 6, 24); daher die Vorschrift: Wer dich bittet, dem gieb! (Mat. 5, 42, Luk. 6, 30). Arbeiten soll der Christ — wer nicht arbeitet, soll auch nicht essen (2. Thess. 3, 10) — „auf dafs er habe zu geben den Dürftigen" (Eph. 4, 28), „mit stillem Wesen soll er arbeiten" (2. Thess. 3, 12). Nur in diesem Sinne erkennt auch das Christentum das Eigentum an; mit der Mifsachtung der Arbeit ist die Mifsachtung des Eigentums verbunden, wie mit dem Ertrag beider die Pflicht der Liebesthätigkeit, die aber in keiner Weise gebunden ist (2. Cor. 9, 7). Und der Zweck dieser Thätigkeit ist eben, dafs Gottes Weltplan zur Ausführung gelange durch die nötige Ausgleichung der Besitzunterschiede (2. Cor. 8, 14). Und für den Gebenden liegt der Segen darin, dafs ihn Gott genügsam macht; da aber Genügsamkeit nicht blofs die sittliche Folge, sondern auch die Voraussetzung des Gebens ist, so heifst es im Sprüchwort: „Der Arme giebt sich reich, der Geizhals nimmt sich arm."

---

[1]) Vgl. Uhlhorn, Die christliche Liebesthätigkeit I. Bd.

Durch all dies hat der Herr die Berufsarbeit, heiſse sie wie sie wolle, zum täglichen Gottesdienst gemacht und die Bethätigung der Nächstenliebe zum praktischen Kern aller Religion. Und was hat die gottlose Selbstsucht in sog. christlichen Staaten aus dieser christlichen Volkswirtschaftspflege gemacht? Die Sozialdemokratie giebt die deutlichste Antwort darauf: die Arbeit ist im allgemeinen und prinzipiell eine Last, nur Genuſs hat Wert; nur Handarbeit verdient noch den Namen Arbeit, und die sie verrichten, sind die Proletarier; jeder ist sich selbst der Nächste und verdient und genieſst möglichst viel bei möglichst wenig Mühe; der Arbeiter ist eine kleine belebte Maschine, deren Existenz bei dem Kalkül nur soweit in Frage kommt, als die Rentabilität und Konkurrenzfähigkeit in Betracht kommt; Barmherzigkeit üben ist bei Einigen Mode, bei Andern Bedürfnis, bei sehr vielen ein Akt sogenannter Generosität, welche das liebe Ich in günstiger Beleuchtung erscheinen läſst, so etwas was die antike liberalitas war.

Aber auch das Mittelalter war in dieser Richtung schon krank. Während das klassische Altertum, was von einem Jenseits nichts wuſste, weder die Arbeit noch das Leben an sich zu schätzen wuſste, es sei denn als Mittel oder Träger für Tugend bzw. Genuſs, verfiel das Mittelalter in den entgegengesetzten Fehler, nur das Jenseits zu schätzen: Arbeit war ein notwendiges Übel, und Barmherzigkeit nur geboten, um sich das Jenseits zu sichern.[1]) Jede wirtschaftliche Thätigkeit war in den wichtigsten Beziehungen kirchlich unterbunden. Die Opposition hiergegen ging von den Städten aus, bis die Wiederherstellung des biblischen Christentums der Entwicklung der Volkswirtschaft neuen Boden schaffte[2]), auf dem allerdings dann nichts weniger wie christlich gewirtschaftet wurde.

Es ist für die vorliegende Frage bedeutungslos, sich mit den nächsten Stufen der Volkswirtschaftslehre: der sog. Kameralwissenschaft, dem Merkantilsystem und der Lehre der Physiokraten zu befassen, wohl aber ist in Betracht zu nehmen die Lehre von A. Smith, welche in Verbindung mit der Erfindung Watt's das noch heute herrschende Industriesystem begründete bzw. hervorrief. Indem Smith als die Quelle alles Wohlstandes die Arbeit ansah, zog er hieraus die Konsequenz der Arbeitsteilung und der freien

---
[1]) Vgl. Uhlhorn a. O. II. Bd.
[2]) Vgl. des Verf.: Deutsches Leben und deutsche Zustände von der Hohenstaufenzeit bis ins Reformationszeitalter.

Konkurrenz. Wenn man einen krummen Stock gerade machen will, so mufs man ihn allerdings nach der entgegengesetzten Seite biegen, man mufs aber bedenken, dafs diese Thätigkeit nicht lange fortgesetzt werden kann, wenn der Stock nicht wieder krumm oder gar zerbrochen werden soll. Die Lehre von Ad. Smith hat zwar die der Merkantilisten und Physiokraten, sowie die damit verbundenen fortwährenden Regierungseingriffe in das Wirtschaftsleben beseitigt, hat selbst aber nicht blofs schlimme Einseitigkeiten gelehrt, sondern noch viel einseitigere und daher verderbliche Folgerungen und Folgen hervorgerufen. Die Arbeit ist zwar ein wesentlicher, der wesentlichste Faktor des wirtschaftlichen Gedeihens, aber keineswegs der einzige, wie Smith und nach ihm auch Marx u. a. Sozialisten meinen; auf der Arbeitsteilung beruht zwar die Leistungsfähigkeit, aber einseitig überspannt macht sie den Menschen zur Maschine; die freie Konkurrenz entwickelt zwar die wirtschaftliche Thätigkeit in aufserordentlicher Art, aber sie führt zu einem Vernichtungskampf. Sie hat nicht, wie Smith und seine Anhänger behaupten, zur freien Entfaltung der wirtschaftlichen Kräfte geführt, sondern zu dem was wir heute haben: zu einem wirtschaftlichen und sozialen Schlachtfelde, das mit Trümmern und Leichen bedeckt, von dem Stöhnen und Klagen der Verwundeten erfüllt ist. Der Arbeiter wurde in diesem Entwicklungsgang nicht mehr als Glied der Gesellschaft angesehen, das auch leben will, nicht als Glied der Gemeinde und des Staats, das auch mitthun will, sondern als ein Teil der Produktionsmittel, ja als Ware. Denn durch die Nachtreter Smith's ist die Sache nicht besser geworden. Ricardo hat seinen Meister auch dahin fälschlich zugespitzt, dafs der Tauschwert lediglich von der Arbeit beeinflufst sei; er hat seine ganze Grundrententheorie auf die falsche Voraussetzung begründet, dafs immer der beste Boden zuerst in Bearbeitung genommen werde, während er doch wissen konnte, dafs dies schon deshalb unmöglich war, weil der beste bzw. schwerste Boden gerade am meisten Technik und Erfahrung erfordert. Und wie die trübselige Lehre des Malthus diesen unheilvollen Individualismus noch weiter zugespitzt hat, so ist durch Carey's Optimismus, durch Cobden's vermeintlichen Philanthropismus dem rücksichtslosesten Manchestertum neue Kraft zugeführt worden.

Man kann sich nicht wundern, dafs inzwischen gegen diese Theorie nebst ihren furchtbaren Konsequenzen theoretische und praktische Reaktionen eingetreten waren.

Wenn diese auch zurückreichen bis auf Th. Moore, Harrison und Campanella, so ist es doch erst Rousseau und sein jakobinischer Anhang, welcher systematisch gegen das bestehende System vorging. Jener lehrte die Gleichheit aller Menschen und klagte das Eigentum als den gröfsten Verbrecher an derselben an; den Rentier nennt er einen Räuber, der auf Kosten der Vorübergehenden lebt. Die sozialen und ökonomischen Konsequenzen aus seiner Gleichheitslehre hat erst Babeuf gezogen, welcher während der Konventsherrschaft „die Gesellschaft der Gleichen" gründete und folgendes Programm aufstellte: Das Volk ist Eigentümer aller Güter. Da jeder das Recht auf glückliche Existenz und damit die Pflicht zur Arbeit hat, so ist die letztere durch Gesetze zu regeln. Alle haben ein Recht an Allem, die oberste Gewalt hat für die Gleichheit aller Genüsse und gleichmäfsigen Wohlstand zu sorgen. Als Babeuf seine Pläne gewaltsam durchsetzen wollte, liefs ihn die Revolutions-Regierung hinrichten. Der Gegensatz zwischen Kapital und Arbeit, zwischen Arbeiter und Bourgeois und andere sozialistischen Ideen wurden ausgebildet durch St. Simon und Fourier. In Deutschland ist es zuerst Fichte, welcher der Soziologie einen wissenschaftlichen Boden schuf und lehrte: „Die Bildung der Dinge durch eigne Kraft ist der wahre Rechtsgrund des Eigentums. Wer nicht arbeitet, darf wohl essen, wenn ich ihm etwas schenken will, aber er hat keinen rechtskräftigen Anspruch aufs Essen. Er darf keines anderen Kräfte für sich verwenden. Auf die robe Materie hat jeder Mensch ursprünglich ein Zueignungsrecht, auf die durch ihn modifizierte ein Eigentumsrecht." Das Unentbehrliche mufs jedem, der arbeitet, gewährleistet werden, und dies ist: genügende Nahrung, Kleidung und Wohnung.[1]) Die Ideen St. Simon's und Fourier's wurden in radikaler Art erst populär mundgerecht gemacht durch Cabet ca. 1840, durch dessen Thätigkeit die eigentliche sozialdemokratische Bewegung unter Ledru-Rollin begann, und das erste sozialdemokratische Blatt „La Reforme" 1843 erschien. Das Programm lautet: freier Volksstaat, Staatserziehung, Recht auf Arbeit, Produktivassoziation mit Staatshilfe. Dieses hat — nach L. Blanc — Lassalle übernommen. Wie Fichte ist auch er national, wie L. Blanc will auch er den Staat nicht zum Verwalter des Eigen-

---

1) Vgl. Fichte's Soziologie, herausgegeb. v. S. Warneck, sowie dessen Notwendigkeit einer sozialpolit. Propäd. 2. Aufl. 84, die Volksseele 84, die Soziologie I. 89. R. Meyer, Emanzipationskampf des 4. Standes 74.

tumes, sondern nur zum Gesetzgeber machen, der durch Darbietung der ersten Mittel vermittelst der Produktiv-Assoziationen die Durchführung des Programms ermöglichen soll. Während ihm Eigentum „Fremdtum" ist, ist es für Proudhon Diebstahl; während er im Zusammenhang mit dem bedeutendsten deutschen Soziologen Rodbertus blieb, der durch geeignete Reformen, zu deren Darlegung hier der Raum fehlt, auf friedlichem Wege die Lösung der sozialen Frage bewirken wollte, hat Marx sich zwar auch in der Kritik des Bestehenden durchweg auf Rodbertus gestützt, ist aber in seinem Programm den extremsten Franzosen, wie Babeuf, gefolgt. Das sog. „eherne Lohngesetz" Lassalle's erkennt er nicht an; nachdem dasselbe 20 Jahre der Agitation gedient, hat es auch die offizielle Sozialdemokratie in Halle als „unwissenschaftlich" fallen gelassen; die Produktiv-Assoziationen mit Staatshilfe verwarf Marx, der von dem „reaktionären Staat" überhaupt nichts wissen wollte; auch hierin ist ihm der Halle'sche Parteitag gefolgt, desgleichen darin, dafs sie dem Begründer der Internationale Marx den nationalen Lassalle geopfert hat. Jedenfalls hat übrigens Marx das Verdienst der Volkswirtschaftlehre neue und starke Impulse gegeben zu haben. Unter Roscher's Einflufs hat man endlich angefangen in der „Wissenschaft" zu verstehen, dafs Volk ein Organismus ist, und dafs deshalb auch die Volkswirtschaftslehre organisch und nicht nach willkürlichen Philosophemen und Theoremen zu behandeln ist. Aber Roscher hat sich leider damit begnügt, bei der theoretischen Erkenntnis des Gegebenen stehen zu bleiben und so den Sozialpolitiker am wichtigsten Punkt im Stich zu lassen; noch weniger begreiflich freilich ist seine Motivierung: Mit Aufstellung dessen was geschehen soll könne sich ein Mann der Wissenschaft nicht befassen, denn dann müfste er von diesem Ideale „mindestens alle paar Jahre eine umgearbeitete Auflage" veranstalten; dafs dies nur alle Jahrhundert etwa nötig wäre — konnte er selbst am besten wissen. Auch für den Laien liegt jenes sog. Ideal oder Ziel deutlich vor, es ist: Einschränkung des Individualismus und seine Unterordnung unter das Gesamtinteresse. Wenn man darüber im Unklaren sein sollte, braucht man nur die Geschichte des Eigentums ganz kurz zu betrachten.[1] Diese lehrt nämlich, dafs der Begriff des Eigentums, sowie das Eigentumsrecht sich stets mit der Entwicklung der Wirtschafts- und

---

[1] Vgl. Samter, Das Eigentum in seiner sozialen Bedeutung. 1879.

Kulturverhältnisse ändert; sie lehrt ferner, dafs Eigentümer nicht blofs Einzelne sein können, sondern auch freiwillige Verbände, wie Familie, Genossenschaft und Kirche, sowie gesellschaftliche Zwangsgemeinschaften, wie Staat und Gemeinde. Hiernach kann man sagen: Eigentum ist die von der jeweiligen Rechtsordnung Personen oder Verbänden, oder Zwangsgemeinschaften zuerkannte Herrschaft über Sachen.[1])

Die Geschichte lehrt ferner, dafs die hergebrachte Unterscheidung auch des modernen Rechts zwischen beweglichem und unbeweglichem Eigentum weder den Kern der Sache völlig trifft, noch auch für das unbewegliche Eigentum dem Wesen des Grundeigentums gerecht wird.[2]) Es müfste doch auch unterschieden werden, ob die Eigentumssache relativ beschränkt vorhanden ist oder nicht, ob sie Lebens- oder Kultur- und Luxusbedürfnisse befriedigt, ferner ob sie zum eignen Gebrauch des Eigentümers, also Nutz- oder Gebrauchseigentum ist — denn dieses ist das einzige, welches keiner Beschränkung zu unterwerfen wäre —, sowie ob sie zur Schaffung weiterer Befriedigungsmittel der Menschen, also Produktiveigentum — sei es zur Haus- oder Volkswirtschaft gehörig —, oder endlich, ob sie Leiheigentum ist. Wie das Eigentum also nach Natur und Verwendung zu unterscheiden ist, so auch nach dem Eigentümer als Privat-, Genossenschafts- oder Gesellschafts- bezw. Staats- und Gemeindeeigentum.

Über die Entwicklungsstufen des Eigentumsrechts lehrt Prähistorie und Geschichte, dafs es ursprünglich kein Eigentum, später Gesamteigentum, noch später Privat- und Staats- bezw. Gemeindeeigentum gab. Die Entwicklung im römischen Staat zeigt, wie das Staatseigentum — ager publicus — der herrschenden Aristokratie in die Hände fiel, wie dies Privateigentum zum Latifundien- und Grofskapital-Wesen auswucherte: wirtschaftlich die mittleren und unteren Klassen vernichtete, sozial die unübersteigliche Kluft zwischen Arm und Reich aufrifs und so den Staat aushöhlte, bis ihn die Germanen zerschlugen. Bei diesen hatte das gemeinschaftliche Eigentum von vornherein eine weit wesentlichere Bedeutung als bei den Römern, wie denn auch das sonst uneingeschränkte Verfügungsrecht der Grundeigentümer im Gesamtrecht seine Einschränkung fand

---

[1]) Vgl. auch v. Jhering, Der Zweck im Recht cp. 8, 2.
[2]) s. L. v. Stein, Die drei Fragen des Grundbesitzes 81 und Bauerngut und Hufenrecht 82.

in Übereinstimmung mit dem germanischen Rechtsbegriff, der zugleich den Pflichtbegriff in sich schliefst; Privateigentum hatte in der frühesten Zeit überhaupt nicht bestanden. Aber die herrschende Unsicherheit, die vermehrte Bevölkerung, die steigende Macht der Kirche und Aristokratie zerschlugen allmählich das genossenschaftliche Eigentum und machten Privateigentum daraus. Auch sozial ist diese Entwicklung der römischen entsprechend: die Grundherren absorbieren die Immobilien, die Zunft- bzw. die Stadtoligarchie die Mobilien, die Kluft zwischen Arm und Reich war wieder vorhanden am Ausgang des Mittelalters.

In Folge der Einführung bezw. Herrschaft des römischen Rechts, der Entwicklung des Industriesystems und andrer Umstände wurde das Privateigentum auschliefslich Eigentum, nur dafs an Stelle der Grundherrn und städtischen Oligarchieen die uneingeschränkte Kapitalmacht trat. Und je entschiedener die politische Gleichberechtigung — zuletzt im allgemeinen Wahlrecht — zur Geltung kam, um so bitterer musste die wirtschaftliche Fesselung, die sich als „Freiheit" darstellte, sowie die soziale Ungleichheit und Zerklüftung empfunden werden. Hiernach ist jeder Staat dem Untergang geweiht, der durch seine Rechtsordnung gestattet, dafs der Mittel- und Kleinbesitz aufgesogen, das Privateigentum als ausschliefsliches Eigentum hingestellt wird. Die Geschichte lehrt aber auch in Übereinstimmung mit Anthropologie und Psychologie, dafs sich Privat- und Gemeinschaftseigentum nicht ausschliefsen, sondern ergänzen, wie sich Individual- und Gattungsbegriff ergänzen, bezw. zu einander gehören. Da nun kein Individuum ohne Gebrauchseigentum bestehen kann, so ist die Berechtigung des Privateigentums aufser aller Frage, so lang die Berechtigung des Individuums dies ist. Da aber die Menschennatur sich ihr Wesen nicht nehmen läfst, so kann auch das Privateigentum nicht dauernd aufgehoben werden, nur bedarf es überall der Einschränkung, wo es das Wohl der Gesamtheit verlangt, wie sich dies z. B. immer bei der Verteilung der durch Produktiveigentum erzeugten Güter zeigt. Besonders verderblich hat sich aber durch das Leiheigentum der Kapitalismus entwickelt, der thatsächlich alles beherrscht und demgemäfs alles mit Vernichtung bedroht. Staaten, die ihre Existenz nach dieser Richtung sich sichern wollen, müssen sich dazu entschliefsen, diesem schnöden Mifsbrauch des Leiheigentums einen gesetzlichen Riegel vorzuschieben, wie sie andrerseits die Entwicklung des genossenschaftlichen und

Staats-Eigentums fördern bezw. einleiten müssen, damit durch das Zusammenwirken des privaten, genossenschaftlichen und zwangsgemeinschaftlichen Eigentums bezw. der auf diesen basirten Produktion der Untergang des Staates verhindert wird, den uns die Geschichte so unverkennbar vor die Augen stellt. Ein so scharfsinniger Rechtslehrer wie R. v. Jhering sagt daher mit Recht (a. O. S. 40) „Nur an seiner Quelle, der Arbeit, ist das Eigentum klar und durchsichtig bis auf den Grund, aber je weiter es sich von ihr entfernt und weiter abwärts in die Regionen des leichteren und mühelosen Erwerbs gelangt, desto trüber wird es, bis es endlich im Schlamm des Börsenspiels und betrügerischen Aktienschwindels jede Spur, was es ursprünglich war, verloren hat." Das ist dann der Sumpf, in dem der Kommunismus gedeiht.[1]

Wenden wir uns wieder zurück zu Marx und sehen uns dessen Begriff von Arbeit und Tauschwert an — und das ist die Grundlage seines Systems —, so ergibt jede vorurteilslose Betrachtung, wie schon oben bemerkt, dafs keineswegs überall nur Arbeit gegen Arbeit getauscht wird.[2] Ist der Boden z. B. schlecht, so mufs erheblich mehr Arbeit geleistet werden als bei gutem; die plumpste Goldarbeit ist unvergleichlich viel teurer als die feinste Silberfiligranarbeit; erfordert die Gewinnung eines Fuders Johannisberger mehr Arbeit als die eines Fuders Wachenheimer? Und wie ist es in Ländern, welche ohne jede Arbeit Früchte genug hervorbringen für die Existenz ganzer Familien? Schon aus dieser Überlegung geht hervor, dafs bei dem Tauschwert nicht blofs die Arbeit, sondern auch die verarbeitete Materie werthbildend wirkt. Fragt man sich ferner: Warum sind in diesem Jahre die Sammete und besondere Arten von Knöpfen weit billiger als in einem anderen, obgleich die Produktion in denselben erheblich abgenommen hatte? Weil sie nicht mehr Mode waren. Warum sind Kleider, Kleiderstoffe, Hüte etc. nach der sogenannten Saison erheblich billiger als während oder vor derselben?

---

[1] Schmidt-Warneck, die Eigentumsfrage der Neuzeit, vom soziologischen Standpunkte (2. Aufl. 1887), erklärt für den Schwerpunkt des sozialen Problems die Frage: Was hält Staat und Volk zusammen? und giebt die Antwort: „Das auf persönlichen Eigenbesitz in Raum und Zeit begründete Staatsbürgertum." So richtig damit der Kern der Sache getroffen ist, so bedarf die Antwort doch noch der obigen Entwickelung entsprechend einer Einschränkung.

[2] Recht praktisch sind die einschlägigen §§ bei Sachse, Rüstzeug des Lehrers, und das kleine Schriftchen von Hammann, die kommunistische Gesellschaft 1891.

Auch hier wirkt die Mode entschieden wertbildend. Man hat vor Jahren irgendwo ein gutes helles Bier zu billigem Preis getrunken, man kommt wieder und erhält für teures Geld eine dunkle Brühe, die weder schmeckt noch bekommt. Und warum? Der Wirt sagt: Ach das? das hat sich überlebt. Wieso? Hat's die Brauerei schlechter geliefert? Gott bewahr, sagt er, es wollt's niemand mehr, es hat sich eben überlebt. Wertbildend sind also auch der wechselnde Geschmack, die Mode, kurz die jeweiligen Bedürfnisse. Eine Aktienbrauerei will sich vergröfsern, Gerste, Hopfen stehen billig im Preis, es besteht eine Geldkrise, das Kapital ist vorsichtig und zurückhaltend und deshalb teuer, nun ist es das Kapital, welches wertbildend wirkt. Also nicht blofs die Arbeit, sondern auch der gute und schlechte Boden, die wechselnden Bedürfnisse und Konjunkturen sind wertbildend. Es ist also ein starker theoretischer Irrtum, wenn Marx den Tauschwert als „geronnene Arbeitszeit", als „Arbeitsgallerte" bezeichnet. Sein Begriff der Arbeitszeit kann aber auch deshalb nicht allein den Tauschwert bestimmen, weil für denselben mitbestimmend ist die Zeit, welche durch den Warenaustausch in Anspruch genommen wird. Auch seine Lehre vom „Mehrwert", um welche der Kapitalist den Arbeiter betrüge, ist nur dann ein volkswirtschaftliches Gesetz, wenn an den Produktionsmitteln das Privateigentum aufgehoben würde.[1]) Es ist also seine Werttheorie kein ökonomisches Gesetz, sondern eine Forderung für die Zukunft. Diese könnte aber nur dann angenommen werden, sagt Hammann mit Recht (S. 27), wenn die sozialistische Wissenschaft den Beweis erbrächte, dafs sie Garantie leisten könne für 1. Bewahrung aller Vorteile der kapitalistischen Produktion (besonders: Steigen der Produktion, fortschreitende Verminderung der Arbeitszeitkosten der Waren, die stete Bereitschaft von produktivem Kapital, die wirtschaftliche Anwendung desselben), 2. gerechtere Verteilung des Arbeitsertrages. Von diesem Beweis und dieser Garantie ist aber weder bei Marx, noch bei Engels, oder irgend einem andern Sozialisten die Rede. Die „Wissenschaft" mufs vielmehr weitere entscheidende Einwände gegen die ganze Theorie vorbringen. Abgesehen von den schon oben erbrachten Gegenbeweisen hat die Wissenschaft zu rügen, dafs Marx und seine Anhänger unter ihrer „Arbeit" nur körperliche Lohnarbeit, Hand- und Muskelarbeit ver-

---

[1]) Hammann a. O. S. 12 ff.

stehen. Da steht ein prächtiges Haus. Durch wessen Arbeit ist dies entstanden? Die Sozialdemokraten antworten: Durch die der Maurer, Zimmerleute, Handlanger, Anstreicher, Dachdecker, Tischler, Schlosser etc. Der gesunde Menschenverstand und die Wissenschaft meint, dafs die zwar auch daran gearbeitet haben, dafs ihre Arbeit aber gar nicht möglich gewesen wäre, wenn der Baumeister nicht vorher gearbeitet und den Bauplan gemacht, und der Bauherr nicht das Kapital gestellt hätte.

Die „Wissenschaft" lehrt demnach, dafs es auch andere Arbeit giebt als körperliche, und dafs der Arbeiterstand in allen Berufsklassen des Volkes vertreten ist; Wissenschaft und Erfahrung lehren aber auch, dafs keine Arbeit zweckentsprechend produktiv ist, wenn sich ihr nicht der Arbeiter technisch und individuell angepafst hat; wie sollte dies denn im sozialdemokratischen Staat möglich sein? Auch die Arbeitsteilung ist in ihm, der alles nivellirt, nicht in dem Grade möglich, als es der von den Sozialdemokraten selbst geforderte Kulturfortschritt verlangt, auch hier könnte nur ein Rückgang, eine Rückbildung eintreten. Man kann hier auf das hinweisen, was Karl Ritter in der Einleitung zu seiner Erdkunde sagt: „Jedem Volke, wie jedem Einzelnen wohnt eine nur ihm gehörige Eigentümlichkeit inne. Diese, die von einer höheren Macht ausgeht, als die des verschwindenden Menschen ist, zur vollen Entwicklung zu bringen, ist die Aufgabe jedes Einzelnen, wie jedes Volkes. Ihre Ausbildung macht die wahre Gröfse des Menschen, die Volkstümlichkeit und Nationalgröfse der Völker aus." Dieser Gesichtspunkt ist auch bei den Produktionsmitteln von grofser Bedeutung, welche der Sozialismus nicht erkennt bezw. anerkennt. Sollen aber alle Produktionsmittel, d. h. nahezu alles Eigentum, Gemeinschaftseigentum werden, so würde kein Mensch mehr Scheere, Zwirn, Hammer, Zange, Bohrer, Krahnen u. s. w. im Eigenbesitz haben. Wollte aber der kommunistische Staat erlauben, dafs die „Haushandwerkszeuge" davon eine Ausnahme machten, dann würde er vor der Frage stehen, was sind denn „Haushandwerkszeuge"? Der Landmann hat davon einen sehr viel weiteren Begriff als der Städter, ein praktischer Mensch einen sehr viel weiteren als ein unpraktischer. Jener Staat würde auch vor der Frage stehen, wo ist die gesetzliche Scheidegrenze zwischen Genufs-, Verbrauchs- und Produktionsmitteln? denn Obst aller Art kann z. B. in allen 3 Beziehungen in Betracht kommen (vgl. Sachse § 75 ff.)

Es ist richtig und beklagenswert, dafs die gegenwärtige Produktion leicht zu Überproduktion und zu Krisen führt, die sich in immer kürzeren Zeiträumen wiederholen, Krisen, welche nicht blofs die Handarbeiter zu Bettlern machen; diese Thatsache hat der Sozialdemokratie erst den Boden ihrer Existenz geschaffen, es ist auch unzweifelhaft, dafs die gegenwärtige Rechtsordnung darin wohl fehlt, dafs sie auch brotlos gewordene Arbeiter, die zum Bettel greifen, da sie keine Arbeit finden, als straffällig ansieht. Wie will denn die Sozialdemokratie dem Übel begegnen? Die Produktion soll staatlich geregelt werden. Wenn dies geschehen soll, dann muss im kommunistischen Staat eine Möglichkeit sein, vorherzuberechnen: Naturereignisse, Kriege, Seuchen, Entdeckungen, Erfindungen, Moden u. s. w.; dafs dies jemals möglich sei, leugnet die Wissenschaft, die Erfahrung, der gesunde Menschenverstand, und diese drei erwarten den Gegenbeweis.

Auch die Verteilung des Arbeitsertrags von Staatswegen, wie die Sozialdemokratie will, ist unausführbar. Geschieht die Verteilung nach der Qualität der Leistung, so sind die minder tüchtigen Arbeiter verkürzt, geschicht sie ohne jede Einschränkung, so sind die tüchtigsten beeinträchtigt. Soll aber, wie die ganze Sozialdemokratie will, lediglich die Arbeit den Tauschwert bestimmen, dann sind alle Arbeiter, die nichts wie Arbeit als Tauschwert liefern können, schwer benachteiligt, wie bereits früher gezeigt ist. Wenn diese Hindernisse aber auch sämtlich nicht vorhanden wären, so würde der sozialdemokratische Staat den Bedarf Aller festzusetzen haben; soll das geschehen, wie früher das sozialdemokratische Programm forderte, nach „vernunftgemäfsen Bedürfnissen," so würde er wieder vor der Frage stehen: Was ist das? Wer soll diese feststellen? Soll das ein für allemal festgestellt werden? u. s. w.

Ganz ähnliche Fragen erheben sich bezüglich der Verteilung der Arbeitskräfte. Wie soll man diese in ihrer Eigenart von vornherein kennen? Wer soll sie abschätzen? Wer soll die Arbeit verteilen und wie soll sie verteilt werden? Sollen die Gemeinden, oder gröfsere Bezirke und welche ein bestimmtes Arbeitsquantum und Arbeitsquale leisten? Und wenn diese Verteilung auch wirklich geschehen wäre, wie soll denn die lokal, zeitlich und individuell immer wieder hervortretende Verschiebung der Arbeitskräfte geregelt werden? Die erste Voraussetzung für die Ausführbarkeit dieser Regelung müfste das Verbot der Freizügigkeit sein. Und wo bleibt da die „Freiheit?" Wie will denn der kommunistische Staat verhindern, dass seine Bürger lieber in Berlin, Hamburg, Frankfurt u. s. w. leben als in Milchbude oder Gerolstein? Wie will er denn hindern, dafs sie lieber im Café Bauer sitzen als in einem litthauischen Dorfkrug? Und wenn er das alles könnte, wie er es nicht kann, so würde für alle diese Funktionen des kommunistischen Staats ein riesenhaftes Beamtenheer nötig sein, dessen Zahl seiner Unproduktivität und unumschränkten Herrschaft entspräche. Und trotz alledem würde die Unübersichtlichkeit eines solchen Riesenbetriebs unbedingt einen Rückgang in der Produktion herbeiführen. Und dabei soll nach Bebel in Zukunft nur ein 2—3stündiger Arbeitstag genügen! Da die Sozialdemokratie auch die anderen Haupttriebe menschlicher Arbeit: Eigentum bzw. Erwerb, Erbe und Familie lahm zu legen hätte, so würde, wenn die menschliche Natur sich so vergewaltigen liesse, es bald mit der Volkswirtschaft ebenso aus sein wie mit der Haus- und Familienwirtschaft.

Lehrt also die „Wissenschaft" den Sozialismus? Nein sie lehrt vielmehr, dafs die theoretischen Grundlagen der Sozialdemokratie und der Marxianer gänzlich unhaltbar sind, und dafs die Möglichkeit ihrer Ausführung ausgeschlossen ist. Dafs die „Wissenschaft" den „Sozialismus" nicht lehren kann, beweist -- abgesehen von früher Bemerktem — schon der Umstand, dafs sie noch nicht einmal festgestellt hat, was „Sozialismus" ist. Durch den „Katheder-Sozialismus" ist nahezu ein Zustand herbeigeführt worden, den man mit einiger Übertreibung ein Chaos nennen könnte, ohne Uebertreibung gilt dies schon von der wissenschaftlichen Terminologie. Schon vor 10 Jahren habe ich in der Publizistik meine Stimme erhoben einerseits gegen die Verpfählung der einzelnen Disziplinen, die jede Zusammenfassung, jedes Verständnis des Zusammenhanges, namentlich aber auch die Verständigung der verschiedenen Volkskreise aufserordentlich erschwert; andererseits gegen die Neigung zu Abstraktionen und Aufstellung von sogenannten Gesetzen, denen alsbald die Erfahrung entgegentritt. Immer wieder tritt die Sucht hervor, sehr relativen Vorgängen ein absolutes wissenschaftliches Gepräge aufzudrücken, sowie die Gewohnheit, aus Tagesbeobachtungen weitgehende Konsequenzen zu ziehen. Bemächtigt sich nun gar der Dilettantismus solcher Fragen, so kommen Resultate heraus, wie sie mit Konnivenz gemischt in dem bekannten Buch von Göhre, mit Schwarzseherei versetzt in dem von v. Kunowski erscheinen. Auch die Volkswirtschaft hat mit

Spekulationen nicht selten mehr operiert als mit Thatsachen, andererseits ist die historische Schule an den Thatsachen hängen geblieben, ohne dem Studirenden den perspektivischen Punkt zu zeigen. So sehr die Wissenschaft mit vermeintlichen Definitionen, mit Isolirung und Atomisirung der Erkenntnisobjekte gearbeitet hat, so wenig hat sie es zu einer klaren Unterscheidung der Hauptpunkte und einer entsprechenden Terminologie gebracht. Man sollte endlich wenigstens Soziologie und Sozialismus scheiden, und unter letzterem ein für allemal nur das sozialdemokratische System verstehen. Bezüglich des Begriffes der Soziologie, bzw. Nationalökonomie, verdiente weit mehr Berücksichtigung als geschieht, die kleine Schrift von Ingram: „Die notwendige Reform der Volkswirtschaftslehre" (1879), von H. v. Scheel eingeleitet und übersetzt. „Es giebt, sagt er, nur eine grofse Wissenschaft der Soziologie, nur eine Soziallehre, und ihre einzelnen Abschnitte beziehen sich auf die verschiedenen Seiten des gesellschaltlichen Daseins. Eine dieser Seiten ist die materielle Wohlfahrt der Gesellschaft, die Beschaffenheit und Entwickelung ihrer auf Gütererzeugung gerichteten Arbeit. Das Studium dieser Erscheinungen ist einer der Forschungszweige der Sozialwissenschaft, der aber in engster Fühlung mit dem Ganzen erhalten werden mufs."
Die Soziologen und Nationalökonomen sollten sich endlich doch den Fehlern entziehen, welchen wir auch in der Rechtswissenschaft und Philosophie freilich noch immer begegnen. So wenig es ein Recht, eine Philosophie an sich giebt, so wenig giebt es eine Gesellschaft und eine Volkswirtschaft an sich, denn es giebt keine Menschen und kein Volk an sich; es giebt nur Individuen, Familien und Nationen, und alle jene Wissenschaften haben diesen Modifikationen gerecht zu werden, oder sie sind keine Wissenschaften.[1])

Mag dem allem aber sein wie ihm wolle, nichts in der Welt ist weniger begründet als die Behauptung der Sozialdemokratie, die Wissenschaft lehre auf „ökonomischem" (!) Gebiet den Sozialismus.

---

[1]) Auch Schäffle hat an dem oben gerügten Fehler Anteil, dem S. Warneck mit Recht entschieden entgegengetreten; seine Soziologie habe ich leider nicht einsehen können; sonst definiert er Soziologie als „die Lehre von der Volksnatur des staatlichen Gemeinwesens"; vgl. ferner seine Broschüre: Sozial, sozialistisch, soziologisch, 1891.

3. Kapitel.
Der moderne Wissenschaftsbegriff und die bezüglichen Lehren der Sozialdemokratie.

Die Sozialdemokratie behauptet, wie früher gesagt, daſs die „Wissenschaft" — sie scheint darunter eine Kombination von Philosophie und Naturwissenschaft zu verstehen — den Atheismus lehre und geht deshalb von dem Satz aus, den Liebknecht dahin zusammengefaſst hat, daſs die Sozialdemokratie weder im Himmel noch auf Erden eine Autorität anerkenne, und der mit anderen Äuſserungen sich in den Satz verdichtet hat: die Autorität ist die Wurzel alles Übels. Wie stellt sich die „Wissenschaft" dazu?

Darwin hatte in der 1. Ausgabe seines berühmten Buches über die Entstehung der Arten von der Urform des Lebens gesagt, daſs ihr „das Leben zuerst vom Schöpfer eingehaucht ist". Als dies als unwissenschaftlich gerügt worden war, lieſs er in der folgenden Ausgabe diesen Zusatz fallen. Weshalb galt und gilt derselbe als unwissenschaftlich? Weil er von der Voraussetzung der göttlichen Autorität ausgeht; eine solche Voraussetzung ist aber unwissenschaftlich, weil die „Wissenschaft" angeblich keine Voraussetzungen anerkennt; wissenschaftlich ist nach dieser Behauptung nur was voraussetzungslos ist. Die Voraussetzung einer Gottheit ist also wissenschaftlich unannehmbar. Daraus haben nun Naturwissenschafter und Philosophen sehr verschieden gefärbte Folgerungen gezogen. Vogt, Büchner und Häckel z. B. leugnen alles geistige und göttliche; andere, wie Virchow, erklären den Gottesglauben für eine Privatangelegenheit: Die Gläubigen müssen eben sehen, wie sie sich mit den Ergebnissen der Wissenschaft abfinden. Philosophen, wie Kant, Fichte, Hegel, machen die autonome Vernunft zum Ausgangspunkt und führen zum idealen Atheismus, der den menschlichen Geist zum Gott macht, wie dies L. Feuerbach thut, oder zum absoluten Egoismus, wie Stirner, dessen Evangelium lautet: „Ich benutze alles: Welt und Menschen, zu meinem eignen Genuſs". Alles was auſserhalb dieses Bekenntnisses steht, ist Aberglaube und der Religion dringend verdächtig. Der modernste und wohl auch der verwegenste „wissenschaftliche" Denker in diesem Sinn — Dr. Nietzsche — findet in dem Glauben an Gott eine „faustgrobe Antwort" auf die Frage nach dem Urgrund der Dinge;

die Wissenschaft habe die Aufgabe, auch den schwachen Schatten von Gottheit, den die moderne Welt noch habe, aus der Höhle des Aberglaubens zu vertreiben.

Wenn die Sozialdemokraten also behaupten, dafs der Atheismus nichts sei als ein „Ergebnis der Wissenschaft", so läfst sich zunächst etwas Wesentliches nicht dagegen einwenden; jene sind nur konsequenter und in ihren Folgerungen unerschrockener als diese es ist. Die Sozialdemokratie scheut sich durchaus nicht, auch die weiteren Folgerungen zu ziehen, welche Sittlichkeit, Ehe und Familienleben, Kunst und Geistesarbeit, Kirche und Schule beseitigen, oder in ihre voraussetzungslose Verfassung bringen sollen. Auf dem in Halle abgehaltenen Parteitag erklärt einer der hervorragendsten Führer — Dr. Rüdt-Heidelberg — : Die Partei steht „als **revolutionäre Partei auch in religiöser Beziehung auf dem Boden der freien wissenschaftlichen Forschung**. Infolge dessen verwirft sie prinzipiell jeden Dogmenglauben als eine Quelle geistiger Knechtschaft". Derselbe Redner warnte — freilich vergebens — vor der Heuchelei und mahnte, auch in dieser Beziehung „vor den letzten Konsequenzen nicht zurückzuschrecken". Dazu aber könne nur die Schule helfen, wie Liebknecht schon mit Recht behauptet habe: Das werde die Schule aber nur können, „wenn sie aus den Händen der Pfaffen befreit werde" (Beifall). Dies kann aber nur geschehen, wenn sich die Sozialdemokratie der ländlichen Arbeiter und Bauern und damit der Staatsgewalt bemächtigt. Niemand wird diesem System die Konsequenz absprechen können, und dafs es den „Genossen" auch an der entsprechenden Phantasie nicht mangelt, zeigt der unter donnerndem Beifall abtretende sozialdemokratische Redner auf dem Kongrefs zu Gent im September 1877, der ausrief: „Uns're Lust wird es sein, den Todeskampf der Priester zu sehen. Hingeworfen in die Gossen der Strafsen werden sie vor Hunger sterben, langsam, schrecklich, vor unsern Augen. Das soll unsere Rache sein! Und für die Lust dieser Rache bei einer Flasche Bordeaux verkaufen wir gern unsern Platz im Himmel. Was sage ich? Himmel! Ihn wollen wir nicht, was wir fordern, ist die Hölle!" —

Wie weit diese und dergleichen Folgerungen auch aufserhalb der Sozialdemokratie gezogen bzw. verwertet worden sind, kann ein Einzelner nicht ermessen; dafs dies aber in erkennbarer Weise bereits geschehen ist, wird leider nicht geleugnet werden können.

Und warum, fragt jeder Wahrheitsliebende, sollten nicht Konsequenzen gezogen werden, wenn der Ausgangspunkt richtig ist? Unterziehen wir diesen deshalb einer Prüfung! Derselbe lautet: Die Wissenschaft erkennt keine Voraussetzung bzw. Autorität an. Dafs die Wissenschaft dies thatsächlich nicht thut, beweist die Annahme, die Voraussetzung, dafs der menschliche Geist, die Vernunft autonom, absolut sei. Die Wissenschaft wirft der Religion vor, sie glaube an Gott, während sie selbst an die autonome Vernunft glaubt; sie verwirft jede Autorität und redet doch unausgesetzt von „wissenschaftlichen Autoritäten"; sie ist also selbst nicht voraussetzungslos und leugnet die höhere Autorität, um ihre eigne zu behaupten. Sie sollte doch begreifen, dafs Vernunft nichts Anderes ist, als geistige Vernehmungsfähigkeit, dafs eine Fähigkeit aber nicht absolut oder autonom sein kann, ist doch auch die verbohrteste Logik zu verkennen aufser stande. Dafs aber auch die Erfahrung, die überlieferte sowohl wie die selbstgemachte, der Absolutheit unseres Geistes widerspricht, ist ebenso gewifs; nicht minder widerspricht ihr die Naturwissenschaft, wie ich anderwärts eingehend nachgewiesen habe[1]) und hier nachweisen werde. Diese Art vermeintlicher Wissenschaft ist ein Phantom, das nur in der überspannten Phantasie ihrer Träger besteht, und keinen anderen Gehalt hat als eingebildete Voraussetzungslosigkeit und selbstgemachte Autorität, also Unwahrhaftigkeit und Selbstvergötterung. Was soll denn die Wissenschaft? Ein gewisses gegebenes Material geistig be- und verarbeiten; dieses Material beruht auf Erfahrung, die entweder selbstgemacht oder überliefert ist; selbstgemachte äufsere Erfahrungen auf dem Gebiete der Natur sind z. B. das Objekt der Naturwissenschaften. Deren Ergebnisse aber, z. B. die Naturgesetze (besser Wirkungsweisen zu nennen), sind in ihrer objektiven Wahrheit beeinträchtigt, weniger durch die noch immer korrigierbare Richtigkeit der Beobachtung, als durch die Thatsache, dafs sie Resultate einer logischen Induktion sind, die schon deshalb unvollständig ist, weil sie alle in die Zukunft fallenden Erscheinungen vor der Hand aufser Acht lassen mufs. Also auch die Naturgesetze haben nur bedingte Giltigkeit, und es ist im höchsten Grade „unwissenschaftlich" ihnen absolute Giltigkeit zusprechen zu wollen. Es ist also ein recht bedingtes, aber durchaus kein absolutes oder voraussetzungsloses Wissen, welches selbst die

---
[1]) Glauben oder Wissen? Eine Untersuchung über die menschliche Geisteseinheit auf biologischer Grundlage. Gotha 1890.

Naturwissenschaften bieten. Wie kann auch ein endlicher Geist Absolutes erkennen? Mit den Formeln der ebenen Trigonometrie kann man keine Aufgaben der sphärischen Trigonometrie lösen. Wie völlig die psychologischen Grundlagen im Menschen dieser „Wissenschaft" widersprechen, habe ich in dem genannten Schriftchen weiter ausgeführt. Aber diese „Wissenschaft" hält sich nicht nur für voraussetzungslos, sondern auch für objektiv, für rein sachlich. Alles Subjektive, Persönliche ist unwissenschaftlich, also wertlos. Wie kommt sie dazu? Sie geht von der Voraussetzung aus, dafs der denkende Geist, der Verstand, der Kern der Menschennatur sei. Also auch hier wieder eine Voraussetzung bei einer angeblich voraussetzungslosen Wissenschaft. Dafs diese Voraussetzung wahrscheinlich aber auch falsch ist, lehrt vom Standpunkt auch der physiologischen Psychologie deren bedeutendster Vertreter W. Wundt. Auch nach ihm ist der Wille der „primäre Faktor" und nicht der Verstand. Der Wille ist nach ihm „der einzige Inhalt des Selbstbewufstseins". Geben wir aber einmal jener „Wissenschaft" zu, dafs der Verstand, der denkende Geist, also auch nur das Sachliche, Objektive von Wert sei — und das gerade nehmen die Radikalen, zumal die Sozialdemokraten an — und betrachten nun die Lage und die Folgerungen. Die Wissenschaft, welche voraussetzungslos und rein sachlich ist, ruht auf sich selbst; sie ist begründet auf die Autarkie, die Zulänglichkeit des denkenden Geistes; die religiöse Gesinnung dagegen ist begründet auf die eigne Unzulänglichkeit. Daraus folgt, dafs sie sich beide ausschliefsen, und die Sozialdemokratie folgert auch hieraus, dafs der Atheismus ein wissenschaftliches Ergebnis sei. Da aber nach biologischen Forschungen auch der Erhaltungs-, Fortpflanzungs- und Geselligkeits-Trieb auf dem Gefühl der eignen Unzulänglichkeit beruhen, so müfsten „wissenschaftliche" Folgerungen auch hier zu verhängnisvollen Konsequenzen führen und haben zum Teil dazu geführt. Es sind schon genug Stimmen laut geworden, welche die Ehe und das Familienleben für einen der „freien Genossen und Genossinnen" unwürdigen Zustand bezeichnet haben und noch bezeichnen. Jedenfalls sind alle die Gründe, welche seither für Ehe und Familie in Geltung standen, nach dieser Meinung „wissenschaftlich" schon deshalb wertlos, weil sie nicht objektiv sind.

Und wie steht es mit der Sittlichkeit? Kant und seine Anhänger reden von einem Sittengesetz; Geschichte und Anthropologie lehren, dafs dies ebensowenig existiert wie eine autonome Vernunft: die Sittlichkeit ist ein Kulturprodukt. Es handelt sich dabei um die Unterscheidung von gut und böse, bzw. das dem entsprechende Handeln. Diese Unterscheidungsmöglichkeit und die entsprechende Handlungsfähigkeit beruhen auf der sittlichen Anlage des Menschen, welche ungepflegt ebenso verwahrlost wie jede andere, z. B. die sprachliche. Wenn die Erziehung z. B. den Kindern nicht die Begriffe von mein und dein beibringt, so haben sie sie nicht. Eine sozialdemokratische Erziehung hat aber theoretisch das gröfste Interesse, ihnen diese Begriffe in unserem Sinne nicht beizubringen; sie hat nicht minder das Interesse, den Egoismus in die Mitte ihrer Erziehung zu stellen, wenn auch einen solchen, welcher zwar theoretisch als Klassenegoismus gelehrt würde, im sozialistischen Staat aber sofort als individueller Egoismus wieder hervortreten müfste. Sobald der Egoismus nicht mehr durch die Nächstenliebe, die Sittlichkeit nicht mehr durch die Religion balanciert und normiert werden, kann dies nur noch durch das Strafgesetzbuch geschehen. Mit welchem Erfolg, das würde der sozialistische Staat erst in voller Klarheit und Folgerichtigkeit zeigen.

Die „wissenschaftlichen" Folgerungen bezüglich der Erziehung und Schule sind von der Sozialdemokratie nur zum Teil gezogen worden. Da die häusliche Erziehung bei der oben skizzierten Auffassung von Ehe und Familie unausführbar ist, so kennt der sozialistische Staat nur eine öffentliche Erziehung. Das sozialistische Programm fordert: „Allgemeine und gleiche Volkserziehung durch den Staat." Also nur der Staat hat zu erziehen und zwar hat er alle gleich zu erziehen. Die Konsequenzen liegen so nahe, dafs sie keiner weiteren Ausführung bedürfen. Die Schule mufs aber erst, wie oben gesagt, „aus den Händen der Pfaffen befreit werden." Sodann müfste vor allem die Religion und was ihr Ähnliches Deutsch, Geschichte, Gesang etc. bieten, aus der Schule entfernt werden; an ihre Stelle träten der „wissenschaftliche" Atheismus und Kosmopolitismus. Wie dies ins Werk zu setzen und was sonst noch in der allgemeinen und gleichen sozialistischen Staatsschule als „wissenschaftlich" erforderlich zu gelten hätte, kann einstweilen noch dem Nachdenken der „Genossen" überlassen bleiben. Jedenfalls müfsten Bescheidenheit und Pietät in einer solchen Schule lächerlich erscheinen; Selbstgewissheit und Herzensunabhängigkeit wären da am Platze. Aber dies würde für Schüler und Lehrer gelten. Dieser letztere müfste sich vor allem von dem unabhängig machen, was seither von ihm gefordert wurde: Liebe zu seinen Schülern, Herablassen zu ihren Schwächen, individuelle Behandlung. Er bringt seinen Lehrstoff „exakt" vor; wer ihn nicht „exakt" kann, wird mit der gebührenden Objektivität nach dem erlassenen Schulstrafgesetzbuche bestraft. Lob ist, weil subjektiv, wertlos, daher unzulässig. Wie lange dieser Zustand anhalten würde, ohne in förmlichen Krieg auszuarten, läfst sich jetzt nicht ermessen. Wie aber eine solche Jugend die Aufgaben des sozialistischen Staats sollte lösen können, bleibt einstweilen ein Rätsel.

Nach der vorhergegangenen Darstellung könnte es scheinen, als ob der charakterisierte Wissenschaftsbegriff von Seiten aller Vertreter der Wissenschaft anerkannt sei. Das ist aber keineswegs der Fall. Unter den vielen Stimmen von Bedeutung, welche sich gegen denselben erhoben haben, kann ich hier nur wenige sich vernehmen lassen. Der Mathematiker Wittstein spricht sich in seinem Buch „Die Methode des mathematischen Unterrichts" (2. Aufl. 1890) über die Wissenschaft so aus. Jede Wissenschaft hat ein gewisses gegebenes Material, welches aus einer unbegrenzten Reihe von Gegenständen besteht, zu verarbeiten und zwar hat sie die Aufgabe, aus diesem Material logisch weiter zu schliefsen, das ist Kern und Mittelpunkt ihrer Arbeit; die Resultate der Wissenschaft sind die Schlufspunkte dieser logischen Thätigkeit. Die Frage, was sind Naturgesetze? beantwortet er folgendermafsen: Sie sind Resultate logischer Induktion; da diese logische Induktion aber immer nur eine unvollständige ist, „so hat jedes sog. Naturgesetz nur eine hypothetische Geltung, behaftet mit einem gröfseren oder geringeren Grade von Wahrscheinlichkeit, welcher immer noch die Möglichkeit des Gegenteils oder doch erheblicher Modifikationen offen läfst." Wenn aber diese sog. Naturgesetze, „losgelöst von der induktiven Art ihrer Entstehung", sich „mit der Autorität von Orakelsprüchen hinstellen, so ist dies das Gegenteil von Wissenschaft."

Paul du Bois-Reymond äufsert sich in den aus seinem Nachlafs herausgegebenen „Grundlagen der Erkenntnis in den exakten Wissenschaften" (1890) S. 115 so: „Das Absolute bildet nicht allein die Grenze unseres Vorstellens, es liefert uns auch den Beweis, dafs die Welt mit unsrem Vorstellen noch nicht zu Ende ist." Jenseits desselben erst liegt „die Wirklichkeit" und für diese „fehlt uns das Organ" (S. 120). „Das sinnlich Wahrnehmbare bildet den natürlichen

Bereich und die undurchdringliche Schranke seines (des Menschen) Erkennens" (S. 121). „Von der Wirklichkeit können wir wissenschaftlich gar nichts aussagen, aufser dafs sie in einem Raume enthalten ist, und dafs Bewegung in ihr stattfindet" (S. 124). Von der Bescheidenheit dieses scharfsinnigen Denkers und echten Mannes der Wissenschaft ist freilich die Philosophie im Ganzen weit entfernt. Sie ist es noch immer, welche sich, zumal in ihrer modernen Entwicklung, mit besonderem Nachdruck als die Wissenschaft vom Absoluten von ihren Vertretern mufs hinstellen lassen. Schon der gesunde Menschenverstand stellt zu dieser Prätension zwei Fragen: Erstens, wie soll es möglich sein, dafs der menschliche Geist, dessen Endlichkeit und Gebundenheit jeder täglich an sich erfahren kann, und dessen Unzulänglichkeit Biologie wie empirische Psychologie und Pädagogik unausgesetzt darthun, dafs also dieser endliche Geist zur Erfassung des Absoluten gelangen kann? Zweitens, was sollte denn auch dem endlichen Geist die Erforschung des Absoluten helfen? Schon aus der Verneinung, mit welcher diese Fragen beantwortet werden müfsten, könnte sich diese Philosophie die nötige Zurechtweisung holen. Und wenn nicht alles täuscht, so ist die gegenwärtige Philosophie dieser Bankerotterklärung dem Absoluten gegenüber recht nahe, nur hat sie sie noch nicht völlig formuliert, sie hat wenigstens schon angefangen, der Metaphysik den Faden durchzuschneiden. Unsere Zeit verlangt Thatsachen, sie verlangt Wahrheit, Natur, zumal unser jüngeres Geschlecht, auf dem unsre Hoffnung ruht; und all dies kann die Philosophie nicht bieten, sie kann die Thatsachen nur bearbeiten, in Zusammenhang bringen, Methoden erörtern oder feststellen, Grundlagen erwägen und Prinzipien finden. Man darf wohl zugestehen, dafs sie eine Wissenschaft ist, die sich nicht auf ein einzelnes Gebiet beschränkt, dafs sie der Erforschung des Wesens, der Gesetze und des Zusammenhangs des wissenschaftlich zu Tage Geförderten nachgehen soll, aber sie soll vor Allem einmal die Vorarbeiten thun oder abwarten, nämlich dafs jede Wissenschaft sich ihre Philosophie selbst schafft. Erst wenn dies die Wissenschaften mit Hilfe der Spekulation, der Philosophie gethan haben, kann sie eine Wissenschaft der Prinzipien werden, die sie zu sein prätendiert. Für jenes liegen schon bedeutende Vorarbeiten und mächtige Werkstücke vor, auch die Sprachwissenschaft hat schon nach dieser Seite entscheidende Schritte gethan, wie z. B. Paul's „Prinzipien der Sprachwissenschaft" beweisen. Die Philologie geht schon längst von dem selbstverständlichen Grundsatze aus, dafs die lateinische oder griechische Sprach- und Volkskunde auf den bezüglichen lateinischen und griechischen Auskunftsmitteln fufsen mufs, dafs man die Platonische Lehre nur aus den Schriften Plato's, die aristotelische nur aus denen des Aristoteles ableiten kann, die christliche Theologie sollte endlich auch diese Stellung der regelrecht überlieferten „Offenbarung" gegenüber einnehmen, um daraus die Offenbarungslehre aufzubauen. Diese Arbeit würde heute weiter den Vorteil haben, dafs sie die allgemeine religiöse Grundlage im Menschen von der Biologie erwiesen vor sich hat. Indem ich mich hier begnüge, auf Drummonds bekannte Arbeiten hinzuweisen, will ich auch hier auf die wertvolle Arbeit des Darwinianers Dahl „Die Notwendigkeit der Religion, eine letzte Konsequenz der Darwin'schen Lehre" (1886) aufmerksam machen. Dieser hat unzweifelhaft nachgewiesen, dafs der Mensch wie die Tiere in dem Furchtverhältnis stecken geblieben wären und nie auch nur zur Ausnutzung der Naturkräfte hätten gelangen können, wenn mit jener Abhängigkeit ihm nicht zugleich Gottesbewufstsein verliehen worden wäre. Erst durch den Willensakt des Glaubens also konnte er werden, was er geworden ist.[1]) Es ist schon zwei Jahrhunderte her, dafs der Begründer der Chemie als Wissenschaft Robert Boyle diesen Zusammenhang der Theologie und Naturwissenschaft, diesen Parallelismus des Buches der Natur und der Gnade betont hat, wie ich in einer Biographie Boyle's vor kurzem ausgeführt habe. Und seit dieser Zeit haben diese Beziehungen nicht ganz geruht. Neuerdings hat wieder Dawson in seinem Buch „Die Natur und die Bibel" (1877) gezeigt, wie Bibel und Wissenschaft in den Behauptungen einig sind, dafs die Naturgesetze — als Wirkungsweisen Gottes — unwandelbar sind, wie in Natur, Menschheit und Offenbarung alles auf Entwicklung beruht und auf Fortschritt ausgeht u. s. w. Indem ich auf einen kleinen Teil der immer mächtiger anschwellenden Litteratur hinweise,[2]) will ich nur noch zwei Gesichtspunkte hervorheben, welche mir besondere Beachtung zu verdienen scheinen.

---

[1]) Dazu zu vgl. meine oben zitierte Schrift „Glauben oder Wissen?" etc.
[2]) Schmick: „Ist der Tod ein Ende oder nicht?" 6. Aufl.; ders.: „Die Unsterblichkeit der Seele"; ders.: „Die nachirdische Fortdauer der Persönlichkeit"; „Die Erde kein Abschlufs"; „Geist oder Stoff?" Von früheren Werken sind manche Arbeiten von Fechner noch immer von Bedeutung; vgl. auch K. du Prel's Schriften.

Bebel hat, wie früher bemerkt, die Behauptung aufgestellt, dafs Sittlichkeit mit der Religion nichts zu thun hätte. Dafs diese Behauptung in gewissem Sinn wahr und auch nicht wahr sei, bedarf des Beweises.

Die gröfste Verwirrung hat auch hier in den Grundlagen der Betrachtung die Philosophie angerichtet mit dem oben schon erwähnten sog. „Sittengesetz". Wenn man darüber im Unklaren wäre, in welchem Verhältnisse beide stünden, so brauchte man zunächst nur bei der Anthropologie anzufragen. Man lese z. B. Waitz-Gerland I, S. 323 f., 454 ff., 462 ff., 469 f., und man wird erkennen, dafs Religion und Sittlichkeit aus ganz verschiedenen Quellen fliefsen und erst auf einer höheren Kulturstufe mit einander in Beziehung treten. (Weiteres Material dazu bietet Waitz-Gerland I, S. 351 ff., 374 ff., und Post, Afrikan. Jurisprudenz 87.)

Gehen wir von der biologischen Begründung der religiösen Grundlage im Menschen aus, so sehen wir, dafs es sich bei ihr um Wohl und Wehe handelt, ein Ergebnis, zu dem auf spekulativem Wege Kaftan in seinem Buch „Das Wesen des Christentums" kommt. Ein so scharfsinniger Biologe wie Rolph sagt deshalb: „Der Grundtrieb alles organischen Lebens ist der Trieb nach Glückseligkeit" (Biol. Probleme 2. Aufl. S. 192). Die Wahrheit dieses Satzes wird nicht nur durch die tägliche Einzelerfahrung bestätigt, sondern auch durch die Geschichte, insbesondere die vergleichende Religionsgeschichte. Und die Anthropologie redet auch hierüber deutlich genug.

Jenes Gefühl der Abhängigkeit nämlich, die Hoffnung auf, der Glaube an eine Gottheit veranlafste die Menschen zur Darbringung von Opfern, um jene für sich zu stimmen. Dabei gingen die Menschen von der Vorstellung aus, dafs die Gottheit Genufs und Freude von diesen Gaben hätte, wie Homer an vielen Stellen zeigt. Der Kult ist den Menschen ein Mittel zum Zweck und wird oft genug, z. B. bei den Römern, als auf einem Vertrag zwischen Göttern und Menschen beruhend angesehen. Gebet und Orakelwesen dienen demselben Zweck.

Einen wesentlichen Schritt weiter auf diesem Wege bedeutete das Streben der Menschen, das auf ihre Teilnahme am göttlichen bzw. jenseitigen Leben gerichtet ist; diesem Streben mufs schon die Erfahrung zugrunde liegen, dafs das irdische Leben keine ausreichende Befriedigung gewähre. Allen Religionen ist also die Hoffnung, der Glaube, das Vertrauen, das Streben nach Glückseligkeit eigen. Und weil es sich in der Religion um diese höchsten Güter, um volles Leben, nicht aber um ästhetische Gefühle oder sittliche Ideale handelt, so mufs der Glaubende in seinem Glauben die thatsächliche Bürgschaft für die Erreichung seines Zwecks haben; diese kann er aber nur haben, wenn ihm sein Glaube als unerschütterlich wahr gilt. Jede Religion kann aber in ihrer Art als vollkommen angesehen werden, welche nur ein höchstes Gut kennt und hinter demselben alle irdischen Güter verschwinden läfst; das Christentum ist aber deshalb die allein vollkommene Religion, weil sie die Religion der Versöhnung ist, einer Versöhnung, welche von Gott selbst ausgegangen und verbürgt ist durch den Kreuzestod des Gottessohns; das Christentum ist aber auch die allein vollkommene sittliche Gesetzgebung, weil die Erreichung des höchsten jenseitigen Guts an die entsprechende diesseitige Bethätigung des Glaubenden geknüpft ist. Deshalb kann die Sittlichkeit nur Bestand und Kraft haben, so lange sie ihre Nahrung aus der Religion zieht. Die Sittlichkeit beruht, wie bemerkt, auf einer Anlage, deren Objekt die Erkenntnis von Gut und Böse bzw. deren Unterscheidung ist; diese beruht aber auf dem Gewissen; und so gewifs es bei den Tieren der Instinkt ist, der das Gewissen vertritt, so gewifs steht die Macht des Gewissens und seine Kontinuität hinter dem Instinkt zurück. Dieser wird einfach vererbt und verdichtet sich immer mehr, er ist gleichsam die organische Verhärtung der Anlagekapazität, das Gewissen ist nur eine Anlage, welche, wie alle übrigen Anlagen einer Pflege, einer Erziehung bedarf. Dafs es gewissenlose wie religionslose Menschen giebt, braucht man heutzutage nicht mehr zu beweisen. Auch das Gewissen ist seiner Umgebung ausgesetzt; man findet es lokal und zeitlich, sowie bestimmten Vergehungen gegenüber sehr variabel; die deutschen Staatsanwälte könnten ein Lied davon singen; der politische Mord und Meineid wird ja z. B. von sozialistischen Gewissen da und dort auch gebilligt. Ist die Gewissensanlage so verplattet bzw. geschwächt oder völlig eingegangen, so sind das Strafgesetzbuch und die jeweilige und bezügliche Gesellschaftsanschauung der traurige Rest des sog. „Sittengesetzes". Fällt mit der fortschreitenden Korruption auch die Rechtssicherheit, so ist es nur noch eine Frage der Zeit, des Geschmacks, der Dekoration, wann und wie die Sittlichkeit eine fable convenue wird wie die Religion. Aus allem diesem folgt, dafs Sittlichkeit nur Bestand und Kraft haben kann, wenn ihr Inhalt, nämlich Gut und Böse mit der Religion, nämlich Wohl und

Wehe untrennbar verbunden ist. Die einzige Religion, welche für die Untrennbarkeit dieser Verbindung die höchste Garantie leistet, ist das Christentum; nur nachdem sich ein Mensch und ein Volk völlig von diesem abgewandt hat, ist seine Sittlichkeit dem Untergang unausbleiblich geweiht. Es ist ein schwerer Kampf, in den die Menschen durch ihren Fall gekommen sind, es ist der Streit um gut und böse, der sittliche Kampf um das Dasein des Guten. Und wie jener Fall nicht durch Sinnlichkeit, sondern durch geistige Überhebung des Menschen erfolgte, wie er durch diese in jenen Kampf gestürzt wurde, so ist auch sie es, welche ihn später in den Gegensatz zwischen Wissen und Glauben, in den Kampf um den Glauben gestürzt hat. Das Christentum allein kann in diesen Kämpfen das Heilmittel reichen. Gottes Wille ist die Liebe, nimmt der Mensch diese in sich auf und unterwirft ihr seinen Willen, so kann es keinen Zwiespalt mehr geben zwischen göttlicher Allmacht und menschlicher Freiheit und zwischen gut und böse. Erkennen die Menschen, dass das christliche Erkenntnisprinzip die Liebe ist,[1]) so giebt es keinen Kampf mehr zwischen Wissen und Glauben; dann erst kann es klar, hell und harmonisch im Herzen werden, dann erst kann die Kraft gesammelt und recht verwandt werden für den Kampf, der zur Ordnung dieses Lebens gehört, für die Zweifel und Furcht, welche in dieser Welt die Äquivalente der Sünde sind, denn sie sind die Wächter und Warner auch in der Welt des Glaubens. Seitdem aber der moderne Götzendienst der Wissenschaft sein Werk gethan hat, ist der Zweifel wieder der Herr der Welt, ihr Allzernager und Allzerstörer geworden. Da alles bezweifelt werden mufste, konnte nur eine voraussetzungslose Wissenschaft unbezweifelbar erscheinen; da es sich aber immer mehr herausstellt, dafs es eine voraussetzungslose Wissenschaft nicht giebt, so mufs sich die Wissenschaft wieder dem Zweifel unterwerfen, oder in der Liebe den Nährboden des Glaubens wie des Wissens anerkennen. Zieht sie jenes vor, dann wird der Zwiespalt, der Zweifel nicht blofs die Wissenschaft zerfressen, sondern, wie das sozialdemokratische Programm lehrt, auch Familie, Gesellschaft und Staat auflösen.

Am Schlufs dieses Kapitels soll noch eines Weges gedacht werden, welcher von dem Boden der modernen Wissenschaft aus-

---

[1]) Vgl. meine Schrift a. a. O. S. 31 ff.

laufend, auch zur Einheit und Versöhnung führt; ich meine das vor kurzem erschienene kleine Büchlein von L. Rümelin, die Erkenntnis (1 M. 80), das klar, scharf und warm geschrieben, das Heil auf die rechte Erkenntnis baut und zu denselben Ergebnissen kommt. Aller Irrtum, davon geht Rümelin aus, beruht auf mangelhafter Beobachtung, je mehr wir diese erweitern und verschärfen, um so seltener fallen wir jenem anheim. Wir haben durch Beobachtungen erkannt, dafs sich die Weltkörper zu ihrer Entwicklung derselben chemischen Materie bedienen wie die Erde; in jedem dieser Körper findet sich von den uns bekannten Grundstoffen um so mehr, je dichter die Masse ist, aus der er besteht. Wenn aber z. B. Sauer- und Wasserstoff sich zu Wasser verbinden, so hat nicht blofs eine Verdichtung stattgefunden, sondern es ist zugleich ein Naturprodukt höherer Ordnung entstanden. Dasselbe Verhältnis besteht aber auch für alle übrigen Grundformen. So entwickelt sich progressiv aus dem gasförmigen der flüssige und feste Zustand, so aus Mineral- das Pflanzen- und Tierreich. Die Möglichkeit der Existenz des 2. beruht auf dem 1.; die des 3. auf dem 2. Die Natur hat also die Tendenz, den Zweck, „in fortschreitender Reihenfolge Naturprodukte immer höherer Ordnung zu entwickeln" (S. 9). Da der Mensch ein Teil der Natur ist, so gehört er auch in diesen Zusammenhang. Und da findet sich eine neue Stufenleiter: In der anorganischen Welt haben wir nur das Material innewohnender Kräfte: Schwerkraft, chemische Anziehung, Adhäsion und Kohäsion; in der animalischen Welt haben sich diese Kräfte zu Sinneswerkzeugen verdichtet, bei den Menschen noch mehr zu dem was wir seine Seele nennen, seinen Geist, sein Selbstbewufstsein.

Und jene Tendenz, jenes Naturstreben nach höherer Entwicklung macht sich auch im Menschenleben geltend. Diese Tendenz kann der Mensch nicht hindern, er kann sie nur aufhalten oder beschleunigen. Die Natur läfst sich aber nicht ungestraft in das Zeitmafs ihrer Entwicklung eingreifen; je mehr der Mensch sich diesem anbequemt, desto sicherer und entsprechender ist sein Fortschritt. Da aus den niederen Naturprodukten die höheren entstehen, so können letztere nur in dem Mafse entstehen als erstere vorhanden sind. Die Bildungsprodukte der anorganischen Welt sind die Bestandteile, die der organischen Nahrung. „Aus dem Mafs der vorhandenen Nahrung bzw. Bestandteile ergiebt sich also von selbst das Mafs der Beschleunigung, mit welchem das Naturbestreben fortschreitet und mit welchem der menschliche Intellekt dasselbe fördern mufs. Diese Förderung bezieht sich in der Pflege der Tierwelt auf das Körperliche, beim Menschen auch auf den Intellekt, welcher kein Naturprodukt ist, das durch Vervielfältigung oder Verdichtung von Naturprodukten niederer Ordnung entstanden ist, sondern das Ergebnis der selbst erhaltenen oder durch Unterricht übertragenen Sinneseindrücke ist." „Der heutige Intellekt des Menschengeschlechts ist sonach das Gesamtergebnis aller Sinneseindrücke, welche die Menschen von Beginn ihres Erscheinens auf der Erde bis zum heutigen Tage durch Beobachtung der Natur empfangen und von Geschlecht zu Geschlecht durch den Unterricht vererbt haben." Dafs der Intellekt geistiger Art ist, ergiebt sich daraus, dafs er nicht durch Fortpflanzung übertragen werden kann, er mufs erst durch eigne Beobachtung und Unterricht erworben werden.

Dieser mufs von einem, der etwas versteht, erteilt werden, sowie durch Anschauung, denn erst durch diese wird bei dem zu Unterrichtenden Glaube an das Wort des Unterrichtenden und damit Erkenntnis erzielt (z. B. Mikroskop). Gemäfs dem früher Ausgeführten ist die volle Erkenntnis der Natur das letzte Ziel des Naturstrebens; diesem hat sich der Mensch ein-, bzw. unterzuordnen, wenn er das Ziel erreichen will.

Hatte der Unterrichtende durch seine Veranschaulichung, z. B. durch Mikroskop, bei seinen Zuhörern Glauben gefunden und darauf seine Unterrichtsthätigkeit fortgesetzt, so wurde dieser Glaube, dieses Vertrauen unerschütterlich; und so erfolgt die Übertragung des Intellekts durch Suggestion, durch welche also unser ganzes Wissen übertragen wird. Jede so erworbene Erkenntnis geht in Fleisch und Blut über, okkupiert das Gehirn, wird Fleisch.

Ist die Tendenz der Natur auf Erkenntnis gerichtet, diese selbst aber erst durch eine Reihe von Irrtümern in allmählicher Entwicklung erreichbar, so mufs auch der Wert einer Sache fafsbar sein. Da die Fafsbarkeit des Werts also die Voraussetzung jener Entwicklung ist, so mufs die Erfassung, die Erkenntnis des Werts aller Schöpfungsbestandteile schon zu Anfang der Schöpfung bestanden haben, da diese Erkenntnis die Vorbedingung der Entwicklung ist. Diese volle Erkenntnis ist der Intellekt des Schöpfers, der göttliche Geist. Im Chemismus ist diese Erkenntnis der Werte, der gegenseitigen Anziehung unbewufst, im Menschen wird sie bewufst und führt durch Irrtümer zur Wahrheit, zum Schöpfer. An dieser Erkenntnis hat der Einzelne nur einen relativ sehr kleinen Teil, jeder Irrtum bedarf der Duldung, jede Erkenntnis der Ergänzung durch die Menschheit, deren Zweck ist die höchste Erkenntnis und der Genufs derselben. Daran Teil zu haben ist Daseinszweck des Individuums, und das Bewufstsein dieses gemeinsamen Zwecks wird allen Hafs, Kampf und Hader gegen und unter einander verhindern oder schlichten. „Aus Mangel der Erkenntnis, dafs der Intellekt ein rein geistiges, nicht an die Materie gebundenes Wesen ist, haben sich Freidenker, Materialisten und Atheisten gebildet."

Die Wissenschaft geht so lange in der Irre als sie die Thatsache des Schöpfers ignoriert und lediglich in den Mitteln desselben kramt, um sich des ursächlichen Zusammenhangs bewufst zu werden; sie geht ferner von der falschen Voraussetzung aus, dafs die Natur vollständig sei, während sie doch in der Entwicklung begriffen ist; sie vergifst, dafs vor jedem Schöpfungswerke der Plan, die Idee eines Schöpfers vorhanden sein mufs. Nur diese repräsentiert die Vollendung: folglich ist unser ganzes Wissen und die Wissenschaft nichts anderes als „fortschreitendes Bewufstwerden der Ideen des Schöpfers nach Mafsgabe der Naturentwicklung; der Geist Gottes ist der über der Natur waltende reine Geist, der ihre Entwicklung leitet". Wie man in den einzelnen Werkstätten und bei den einzelnen Werkleuten keine Erkenntnis des Planes erlangen kann, den der Baumeister entworfen hat, so kann auch im Betriebe der einzelnen Naturwissenschaften und in der Bearbeitung einzelner Schöpfungsmittel bzw. des Materials keine Erkenntnis des Schöpfers und seines Planes erlangt werden. Durch unablässige Erkenntnis schlagen wir Brücken zu dem göttlichen Intellekt und werden allmählich zu Trägern desselben, zu seinen Mitarbeitern und Ebenbildern. Je mehr wir uns diesem allem verschliefsen, desto gröfser werden die Übel, auch die sozialen Übel dieser Welt. In jenem Falle aber gelangen wir durch Erkenntnis zur Erkenntnis der christlichen Wahrheit; Glauben und Wissenschaft decken sich dann, und der Plan, die Idee des Schöpfers wird im Menschengeschlecht Fleisch. All dies hat uns die Sendung Jesu von Nazareth gelehrt; die Wissenschaft recht verstanden, führt aus dem Glauben durch Irrtum zur Wahrheit, zum Wort, das Fleisch geworden ist. Also auch die Wissenschaft beruht auf dem Glauben.

Fragt man nun nach den Kräften der Natur, so antworten uns die verschiedenen Zweige der Naturwissenschaft, dafs Bewegung, Licht, Wärme, Schall, Elektrizität etc. aus einer Kraftquelle fliefsen, die man als die gegenseitige Anziehung bezeichnen kann. Diese ruft Bewegung hervor, und während dieser wird Arbeit geleistet, die unter verschiedenen Umständen auch verschiedene Arbeitsprodukte liefert. Jener Anziehung entspricht im menschlichen Leben die Liebe, deren Bethätigung die Arbeit ist. Die Verneinung der Liebe ist der Hafs, der zerstört. So gilt auch von seiten der Wissenschaft die Liebe als das einigende und schöpferische Band unter allen Menschen und mit dem Schöpfer, der selbst die Liebe ist.[1]) Alle Übel der Zeit kommen eben daher, dafs der Hochmut der Menschen mit ihrer Wissenschaft nicht anerkennen will, dafs sie Geschöpfe sind, die sich unterzuordnen haben. Nur die Erkenntnis und die durch dieselbe erweckte Liebe kann helfen. Gott hat uns seinen Plan offenbart, das hat uns zum Denken, zur Erkenntnis geleitet, die unvollständig ist, wie die menschliche Denkform. Die weiteren Ausführungen (S. 58 ff.) müssen bei dem Verfasser selbst nachgelesen werden, sie machen seinem Kopf, wie seinem Herzen alle Ehre.

Wer demnach den Schöpfer, die Herrschaft des Geistes über die Materie, die Unsterblichkeit mit wissenschaftlicher Begründung leugnen will, der mufs beweisen, dafs er seinen Verstand mit zur Welt gebracht hat, dass kein Intellekt des ganzen Menschengeschlechts vorhanden, dafs und wie die Kraft durch die Materie die Naturentwicklung leitet, dafs und wie ein Schöpfungswerk und überhaupt ein Werk ohne vorherigen Plan geschaffen werden kann, dafs und wie ein solches blofs durch materielle Kraft zu stande zu bringen ist, dafs die Natur keinen Zweck hat und Alles planlos und nur materiell sich entwickelt, dafs es keine Erkenntnis und also auch keinen Irrtum giebt. Der Zufall und das Chaos, die Vereinzelung und die Selbstsucht, die Plan- und Hoffnungslosigkeit, die Erkenntnisunfähigkeit und die Stagnation würden in Permanenz erklärt: Eine Herrschaft ohne Herrscher, eine Gesamtheit ohne Einigung, ein Leben ohne Fortschritt und Genufs, ein Sterben ohne Hoffnung und Vollendung.

---

[1]) Der Entdecker der mechanischen Wärmetheorie, R. Mayer, der genialste Denker auf dem Gebiete der Physik, den unser Jahrhundert kennt, sagt: „Nicht der Hunger ist es, es ist nicht der Krieg, nicht der Hafs ist es, was die Welt erhält — es ist die Liebe". (Über die Ernährung, 1871.)

4. Kapitel.
Der Darwinismus und die Lehren der Sozialdemokratie.

Die Lehre Darwins ist, soviel ich sehe, durch seine deutschen Bearbeiter, Verarbeiter und Entsteller zu einem System, das ihm zunächst ganz fern lag und den schärfsten Widerspruch hervorrufen mufste, ausgeladen und verdorben worden, ehe man in Deutschland den Inhalt seiner Lehren kennen gelernt hatte. Wenn dieselben auch von Biologen — z. B. Rolph — an einzelnen Punkten nicht so aufgefafst sind, wie er sie — nach meiner jetzigen Kenntnis — gemeint hat, so liegt dies eben an dem Charakter seiner Darstellung, die von Systematik weit entfernt ist, sowie an der Eigentümlichkeit des Inhalts, der noch immer weit von dem Wege hergebrachter Anschauungen abliegt. Dafs ihn die Sozialdemokratie mifsverstanden und mifsbraucht hat, ist zwar eine leicht beweisbare Thatsache — man vergleiche nur die neueste Schrift von O. Ammon —, aber sie ist doch noch viel zu wenig bekannt und erkannt, weil es eben mit der Kenntnis der Lehre Darwins selbst in Deutschland noch schwach bestellt ist; Häckel und die übrigen Hyperdarwinisten haben daran ihren ganz besonderen Schuldanteil. Es ist recht bezeichnend, dafs diese in aller Leute Mund sind, während Forscher wie Weismann u. A. in der Regel nur den Fachmännern bekannt sind, für die sie allerdings meines Wissens auch nur geschrieben haben.

Die kouranteste darwinistische Münze ist die „Affentheorie", die als falsche Münze nun auch in weiteren Kreisen anfängt erkannt und zurückgewiesen zu werden. In dieser Beziehung gebührt Virchow das Verdienst, nicht blofs Wasser in den brausenden Wein der Hyperdarwinisten gegossen, sondern auch darauf aufmerksam gemacht zu haben, dafs die Entstehung der Arten nach der darwinischen Auffassung für die letzten 5 Jahrtausende nicht nachweisbar sei — was allerdings im Grunde gegen jene Lehre noch nichts beweist, da es sich dabei um Hunderttausende bzw. Millionen von Jahren handelt —, sowie, dafs die ganze Prähistorie und Anthropologie noch kein Zwischenglied zwischen Mensch und Affen zu Tage gefördert hat. Dadurch hat er diese Frage wieder dahin gerückt, wohin sie gehört, nämlich vor das Forum weiterer wissenschaftlichen Forschung; und wenn Liebknecht und sozialdemokratische Volksversammlungen bis in die neueste Zeit sich als die „höchstentwickelten Tiere" fühlen und hinstellen, so sollte das für Menschen nichts Beängstigendes haben. Leute, welche die Darwin'sche Lehre auf den Menschen übertragen und dies nur für das körperliche Leben, nicht aber für das geistige, den Intellekt thun, sprechen sich damit den letzteren selbst ab, oder begehen eine höchst unwissenschaftliche Inkonsequenz. Jedenfalls stehen sie wieder in grellem Gegensatz gegen die Thatsachen. Und wie es mit dem Intellekt steht, so ist es auch mit der Sittlichkeit. Denn diese ist ein Kulturprodukt, oder wie Darwin sagen würde, ein Ergebnis der Auslese, deren Nichtbeobachtung sich ebenso bzw. schlimmer an der Menschheit rächt, als die Vernachlässigung derselben auf dem körperlichen und intellektuellen Gebiete.

Sagt doch der bedeutendste Vertreter des wissenschaftlichen Darwinismus in Deutschland, der obengenannte Prof. A. Weismann rücksichtlich dieses Punktes sowie des Gottesglaubens geradezu, „dafs das harmonische Zusammenwirken der physischen Kräfte, ihre Verbindung zu dem grofsen Weltmechanismus eine gemeinsame Wurzel, anthropomorph gesprochen, einen Weltmechaniker voraussetzt, der die Kräfte der Materie so gegen einander abwog, dafs eine vernünftige Welt dabei herauskommen mufste. Es wäre eine grofse Selbsttäuschung, wenn Jemand glauben wollte, die Welt begriffen zu haben, wenn es ihm gelang, die Naturerscheinungen auf einen Mechanismus zurückzuführen. Er vergäfse dabei, dafs dieser selbst doch auch wieder einen Grund haben mufs, und zwar einen teleologischen, zwecksetzenden Grund ... Man stelle sich kühn auf den Boden der neuen Erkenntnis und ziehe die richtigen Folgerungen aus ihr, und wir werden weder Sittlichkeit, noch das beruhigende Gefühl, einem harmonischen Weltganzen als notwendiges, entwicklungsfähiges und einem Ziele zustrebendes Glied eingefügt zu sein, aufgeben müssen."

Neuerdings hat der Darwinianer Dahl ein besonderes, bereits oben genanntes Buch geschrieben, welches er betitelt: „Die Notwendigkeit der Religion, eine letzte Konsequenz der Darwin'schen Lehre" (1886), dessen Studium nicht dringend genug empfohlen werden kann. Hier muss ich mich auf ein paar Hauptpunkte beschränken.

Indem Dahl Erhaltungs-, Fortpflanzungs-, Geselligkeitstrieb als Instinkte des Menschen darstellt, erweist er auch die Religion als Instinkt mit etwa folgenden Worten: Da der Mensch an jedem

Orte seine Wohnung nehmen konnte und sie so einrichtete, dafs sie den Naturkräften möglichst Widerstand leistete, mufste er zugleich zu der Einsicht gelangen, dafs von absoluter Sicherheit nirgends die Rede war, und dafs gerade an den Orten, die er aus andren Rücksichten wählen mufste, die Gefahr der Zerstörung verhältnismäfsig grofs war. Baute er trotzdem hier seine Hütte auf, so hoffte er eben, dafs in der nächsten Zeit keine besondere Gefahr ihm drohte. Ohne diese Hoffnung würde sich der Mensch dieser Gefahr nicht ausgesetzt haben, und diese Hoffnung, dieses Vertrauen war beim Urmenschen nur dann möglich, wenn er hinter den Naturkräften ein vernünftiges Wesen ahnte oder wufste, auf dessen Wohlwollen er vertraute. So wurde die Grundlage der Religion die Vorbedingung für die Möglichkeit menschlichen Fortschritts. Wenn aber heutzutage die Meinung auftrete, Religion sei nicht mehr nötig, so müfste man sich gegenwärtig halten, dafs das Verhältnis des Menschen zur Natur sich nicht wesentlich geändert habe. „Wenn wir auch, sagt Dahl, weit vorgeschritten sind in dem Vermögen, uns die Naturkräfte dienstbar zu machen, so sind wir dadurch nur um so mehr auch von ihnen abhängig geworden und müssen unsre Ohnmacht ihnen gegenüber nur um so schmerzlicher empfinden. Wie der Urmensch, so sind wir auch heute noch darauf angewiesen zu hoffen. Mögen wir unser Vertrauen nun auf den blinden Zufall — oder auf eine höhere Macht — setzen; im Grunde genommen ist das einerlei. Sträuben wir uns dagegen, ein höheres Wesen zu unsrem Gott zu machen, so nehmen bei uns unbemerkt die Naturgesetze genau dieselbe Stelle ein. So lange uns keine wesentliche Gefahr droht, können wir wohl über den Instinkt der Religion lachen, da derselbe ja keine Gelegenheit hat, zur Wirkung zu kommen. Sobald aber eine Gefahr im Anzuge ist, tritt er selbst bei Ungläubigen in Kraft. Entweder vertraut man auf die Hilfe Gottes, oder wenn einem dies zu wenig wissenschaftlich erscheint, auf sein gutes Glück." Nachdem Dahl sodann ausgeführt hat, dafs die christliche Religion, welche die höchste von allen sei, gar keine wissenschaftlichen Beweise für ihre Wahrheit verlange, da sie kein Wissen, sondern Glauben fordere, sowie dafs die Wissenschaft deshalb auch nie die Lehren der Religion widerlegen könne, wendet er sich gegen die Behauptung, dafs die Religion immer mehr von der Wissenschaft eingeschränkt sei und nur da als Lückenbüfser gelte, wo jene noch nicht hingedrungen sei und sagt: „Wir müssen einwenden, dafs diese Ansicht auf einem vollkommenen Verkennen der Thatsachen beruht. Die Menschen tragen stets, auch heute noch, Fremdes in die Religion hinein. Dieses Fremde fällt in das Gebiet der Wissenschaft und mufs deshalb allerdings durch die Wissenschaft modifiziert werden (z. B. der Schöpfungsbericht). Die reine Religion umfafst noch heute genau dasselbe Gebiet wie früher und wird dieses Gebiet stets behaupten. — Die Gegner behaupten, dafs in der Heil. Schrift nichts wissenschaftlich Falsches hätte niedergeschrieben werden dürfen, das sind Fehler, welche auf der Auffassung der damaligen Menschheit beruhen. — Ob jene Gegner wohl bedenken, dafs sie einem Gotte geradezu Widersinniges zumuten? Sollte er etwa den Menschen zunächst naturwissenschaftliche Vorträge halten, ihnen den Ursprung und die Gesetze unseres Planetensystems auseinandersetzen etc. Das hätte niemand verstanden. Gott mufste sich zu den Menschen verhalten, wie wir zu den Kindern, nach deren Fassungskraft sich jeder Verständige richtet, wenn er seinen Zweck erreichen will. „Wenn wir alle Umstände genau erwägen, so kommen wir zu dem Resultat, dafs die Bibel als Gottes Wort genau so sein mufste, wie sie ist. Wir können sie demnach voll und ganz anerkennen und dennoch den wissenschaftlichen Standpunkt unsrer Zeit vertreten."

Die Gegner meinen ferner, heute könne man an keine Wunder mehr glauben, und da ohne dieselben kein Beten und kein Gottvertrauen möglich sei, könne auch von Religion nicht mehr die Rede sein. Die Folgerungen sind allerdings richtig, aber wie steht es mit der Prämisse? Dahl antwortet: Wenn auch der Forscher darauf ausgehen müsse, die Wunder zu eliminieren, so sei er doch nicht im Stande zu beweisen, dafs die Welt nicht von einem allmächtigen Gott erschaffen ist. Ist sie dies aber, „so kann doch der Schöpfer nach Belieben in den regelmäfsigen Verlauf seines Werkes eingreifen. Sicher kann er dann Wunder thun, vorausgesetzt auch, dafs er sich im Allgemeinen an die von ihm weise aufgestellten Gesetze bindet." Man könne ja gar nicht wissen, ob nicht täglich um uns Wunder geschähen. Jedenfalls sei die Behauptung, es gäbe keine Wunder und könne keine geben, eine ebenso gewagte Hypothese als die, dafs täglich hunderte von Wundern in unserer Umgebung vorkämen. Die übrigen Ausführungen über den freien Willen, die Erlösung, die künftige Seligkeit als Individualexistenz unterlägen ebenso wenig dieser Instanz der Wissenschaft, da diese nichts über sie aussagen könne. Und wenn der moderne Pessimismus über die Übel dieser Welt klage, so vergesse er, dafs es nur da Genüsse gäbe, wo Leid sei und sein könne. Jedenfalls müsse auch der Darwinianer sagen: Wenn wir im Kampf ums Dasein, in der Konkurrenz mit Tüchtigeren zu Grunde gehen, so geschieht dies nicht umsonst, nicht zwecklos, sondern für das Wohl des Ganzen. Es ist hier nicht möglich auf die verschiedenen Versuche zurückzukommen, welche von Biologen, z. Th. auch von Theologen und anderen Vertretern der Wissenschaft gemacht worden sind, um die Ergebnisse der naturwissenschaftlichen Forschung auf Staats-, Gesellschafts- und Schulleben anzuwenden [1]); von aktuellem Interesse ist aber besonders die vor kurzem erschienene Schrift von O. Ammon: „Der Darwinismus gegen die Sozialdemokratie"; aus der die Hauptpunkte hier kurz zu besprechen sind. Ammon geht von den Grundlagen des Darwinismus aus: 1. Vererbung, 2. Veränderlichkeit, bzw. Umgebung und Anpassungsfähigkeit an die Lebensbedingungen, 3. natürliche Auslese; er zeigt, dafs der sog. „Kampf ums Dasein" nicht ein Kampf Aller gegen Alle ist, sondern ein Kampf zunächst mit und um die Lebensbedingungen, der sich ebenso im Pflanzen- wie im Tierreich geltend machen mufs; während er in jenem sich nur auf die Ernährung bezieht, kommen in diesem auch die nachstellenden Feinde in Betracht. Auch der Mensch ist den äufseren Lebensbedingungen unterworfen und mit ihnen hat er den Kampf zu führen, ohne den er übrigens verwahrlosen würde. Je enger, z. B. durch Zunahme der Bevölkerung, der Nahrungsraum wird, um so schwerer wird dieser Kampf. Wie die Kindersterblichkeit ein Ausleseprozefs ist, den das Leben unablässig besorgt, so vollzieht sich dieser Prozefs auch im Leben der Erwachsenen, wenn sie in eine Stellung gelangt sind, in welcher Begabung und Leistungsforderung oder Lebensforderung und Gewissen — moralisches wie medizinisches — in Konflikt kommen. Dieser Kampf ums Dasein erstrebt bessere Lebensbedingungen. Wer dieselben nicht erlangt, bleibt in den unteren Schichten, wo jener Kampf ausgefochten werden mufs. „Ihn aufzuheben ist unmöglich, weil er auf einem unerbittlichen Naturgesetz beruht, welches wiederum in den

---

[1]) Hier sei nur erwähnt Rauber, Homo sapiens und meine Schrift Biblische Psychol., Biologie und Pädag. 1889.

erblichen Eigenschaften jedes Geschöpfs und auch des Menschen seine Wurzel hat." Wäre aber auch die Aufhebung des Kampfes möglich, so würde Verschlechterung und zuletzt Verfall der Rasse die unausbleibliche Folge sein. Die Geschiche lehrt, dafs, als der 3. Stand sich geltend gemacht hatte, der 4. hervortrat. „Hebt man den 4. Stand, so bildet sich hinter diesem sofort ein 5., in welchen das Kanonenfutter im Kampf ums Dasein hinuntergestofsen wird." Wie die natürliche Auslese früher beim Menschen günstiger gewirkt hat, wie die Einehe der höheren Kultur entspricht und auf ihr die Familie, die Grundfeste des Staats beruht, wie der Fortschritt der Menschheit durch das Böse gehindert wird, mufs bei dem Verfasser (S. 35 ff.) selbst nachgelesen werden, desgleichen die Ausführungen über die Vererbung, welche Genie und Talent als angeboren und die Rousseau'sche Lehre auch von dieser Seite als einen Unsinn erweisen. Diese Erörterung führt zu dem Ergebnis, dass die soziale Gliederung der natürlichen nicht blofs entspreche, sondern selbst eine natürliche sei: die Gliederung, welche beruht auf dem Darwinschen Satze von der natürlichen Auslese im Kampf ums Dasein.

Wenn Darwins Lehre, erkärt Ammon, kein leeres Hirngespinst ist, dann kann dem 4. Stande trotz der vorhandenen Teilbegabungen niemals die Führerschaft oder gar die Diktatur in der menschlichen Gesellschaft zufallen; und wenn der 4. Stand je einmal mittelst Anwendung der rohen Gewalt einen Erfolg erringen sollte, dann würde es nur ein Eintagserfolg sein. Die Leute von Talent in den anderen Ständen und in seiner eignen Mitte würden bald wieder obenauf kommen, und die „natürliche Auslese" könnte von neuem beginnen."

Der Verfasser läfst sich nach verschiedenen Seiten angelegen sein, die darwinistischen Mifsverständnisse und Irrtümer der Sozialisten, namentlich Bebels, nachzuweisen. Dieser hat allerdings den einen Satz Darwins verstanden, dafs alle Lebewesen ihren äufseren Lebensbedingungen angepafst sind, da er aber die beiden anderen Sätze von Vererbung und natürlicher Auslese bei Seite läfst, so kommt er zu der falschen Folgerung: Schaffet allen gleiche Lebensbedingungen! Das ist aber nach den Naturgesetzen nicht möglich. Sollte der sozialistische Staat dieses Gleichmachen in Angriff nehmen, bzw. auf eine kurze Zeit durchsetzen, so würde die Gesellschaft verderben, da sie durch die Auslese nicht reguliert würde, die Folge würde Verschlechterung der Rasse sein. „Nicht die Schliefsung, sondern die großartige Erweiterung der Gefängnisse würde kraft der Vererbung das Ende vom Liede sein." Wollte man aber, wie Bellamy, die künstliche Auslese an Stelle der natürlichen setzen, so vergißt man, daß die Menschen mit ihrem kurzen Horizont fortwährend dem Irrtum anheimfallen. Wenn Bebel meint, daß die Menschen die Naturgesetze beherrschen, die sie kennen, so verwechselt er: nach ihnen verfahren und sie außer Kraft setzen. Da er das letztere nur vorübergehend versuchen kann, so muß er das erstere thun, also nach den Entwickelungsgesetzen verfahren, welche ebenso den Bestand der Religion, der Ehe und Familie, des Wettbewerbs, der sozialen Gliederung, des gesunden Bürger- und Bauernstandes, der Aristokratie und Monarchie fordern, wie sie jeder Revolution strikt widersprechen. Der sozialistische Staat müßte gerade nach dem Darwinismus die Übel der Gesellschaft ins Ungemessene steigern und alsbald die ganze Rasse verderben und mit ihr die Existenz der Nation. Ammon hat es auch nicht unterlassen, die Notwendigkeit der Menschenliebe und deren unablässige Bethätigung zu betonen (S. 102—7), er erkennt an, daß es Fälle genug gäbe, wo ein Unfähiger im reichen Erbe und ein Fähiger im ererbten Elend sitzen bleibe, aber er meint, daß diese Ausnahmen an der Hauptsache nichts ändern könnten, sowie daß die Wissenschaft hier keinen anderen Rat habe als die Religion: „Arbeiten nach dem Ziele mit allen Kräften und Ergebung in das Unabänderliche ohne Bitterkeit". Auch in allen diesen Beziehungen bleibe die „natürliche Auslese" in Wirkung und werde diese endlich zum Ausdruck bringen; das Sprichwort drücke dies so aus: Gottes Mühlen mahlen langsam, aber mahlen sicher! Sehr lesenswert ist auch das Kapitel, in welchem Ammon die Überhebung des 4. Standes und die Ungerechtigkeit gegen das Bürgertum rügt. Wenn dies wirklich so verdorben wäre, so würde das heißen, daß günstige Lebensbedingungen untüchtig, schlechte tüchtig machten, dann müßte Bebel das Gegenteil von dem fordern und behaupten, was er in Wirklichkeit fordert und behauptet.

Nach allem dem kann es gar keinem Zweifel unterliegen, daß die Sozialdemokraten besser gethan hätten und thäten, sich nicht auf den Darwinismus zu berufen. Man kann ja immer noch über diesen streiten; man kann z. B. behaupten, daß die ganze Entwickelung nach Darwin auf dem Kampfe, bzw. der Not beruhe, wie ich selbst die Sache früher aufgefaßt habe und kann dann mit Rolph diesem Notgesetz das Prosperitätsgesetz entgegenstellen. Das kann man wohl, aber man mufs es nach der Darwin'schen Gesammtauffassung nicht, wie es ja auch Ammon nicht thut; man kann auch Nägeli zugeben, dafs die natürliche Zuchtwahl keineswegs allein ausreicht, um alle Erscheinungen in der organischen Welt zu erklären, denn das hat Darwin ebenfalls nicht behauptet; — Vererbung und Umgebung, bzw. Veränderung hat er ja ausdrücklich neben jenes Gesetz gestellt — man kann auch Weismanns Lehre von der Panmixie für übertrieben oder schief ansehen, das ändert Alles nichts an der Sache. Nur mufs man den Kampf ums Dasein nicht, wie dies Häckel thut, für eine „Mitbewerbung um die notwendigen Lebensbedürfnisse" ausgeben; denn das wäre biologisch ebenso wenig haltbar, als das sogenannte „eherne Lohngesetz" ökonomisch haltbar ist. Am merkwürdigsten ist nun, dafs die Sozialdemokraten ganz neuerdings in Grant Allen Jemand gefunden zu haben glauben, der den Darwinismus wieder in ihre Dienste gestellt hätte. Dieser englische Gelehrte, der sich „Sozialist" nennt, hat nämlich Oktober v. J. in der Fabian Society in London einen Vortrag gehalten: „Steht der Sozialismus im Widerspruch zur Wissenschaft, insofern er in das Gesetz der natürlichen Auslese eingreift?" Zunächst hat auch er es unterlassen, zu sagen, was er unter Sozialismus versteht. Wenn er sich nun gegen die „Bannflüche" wendet, welche Häckel, Spencer, Schmidt etc. vom Standpunkt des Darwinismus gegen den „Sozialismus" geschleudert hätten, so berührt das unsere Frage nicht; wenn er aber ausführt, dafs die natürliche Zuchtwahl nur auf den untersten Stufen des animalischen Lebens unbeschränkt stattfinde, dafs je höher die Organisationsstufe desselben stehe, desto eingeschränkter jene wirke, so kann man dies, wie Ammon, auch auf die Schichten der Gesellschaft anwenden und wird doch leugnen müssen, dafs dieser Kampf je ganz aufhöre, so wenig als jemals auch der kleinste Rest einer flachen Wölbung nicht mehr Wölbung, und das kleinste Überbleibsel von Subjektivem objektiv sei. Wenn er meint, die menschliche Kinderpflege schlage der Auslese ins Gesicht, dann vergifst er, dafs auch die Tiere ganz aufserordentliches in der Pflege ihrer Jungen leisten, und weifs scheints nicht, dafs die Sozialdemokratie theoretisch daran ist, jenen Einwand selbst zu entkräften, und dafs die thatsächliche Kindersterblichkeit etc. in starken Prozentsätzen besteht. Was diese und ähnliche Einwürfe auch gegen darwinistische Sätze und Folgerungen bedeuten mögen, soviel bleibt unzweifelhaft bestehen, dafs die Sozialdemokratie in dem Darwinismus keinen Bundesgenossen und Stützpunkt zu sehen hat.

Die „Wissenschaft" lehrt also auch nicht, wie letztere behauptet, die Republik, den Sozialismus, den Atheismus, sie lehrt nicht, dafs Sittlichkeit ohne Religion in unseren Kulturverhältnissen bestehen könne, sie lehrt nicht, dafs Ehe auf Zeit, Auflösung der Familie, Ausrottung der Zufriedenheit, Aufhebung der Autorität, Vergesellschaftung der Produktivmittel, Beseitigung der heutigen Staats- und Gesellschaftsordnung zum Heil der Menschheit sei, sondern von allem das Gegenteil.

II. Abschnitt. Wie will die Sozialdemokratie ihre vermeintliche Wissenschaft zur Geltung bringen?

1. Kapitel.
Die frühere Methode.

„Zwei Wege giebt es, meinte s. Z. Bebel, um unser Ziel zu erreichen. Der eine ist: nach Herstellung des demokratischen Staats die allmähliche Verdrängung der Privatunternehmer durch die Gesetzgebung. Dieser Weg wird eingeschlagen werden, wenn die beteiligten Kreise, gegen welche die sozialistische Bewegung gerichtet ist, bei Zeiten zur Einsicht gelangen und auf dem Wege des Übereinkommens ihren Untergang als exploitierende Klasse und ihren Übergang als Gleiche in die Gesamtheit zu bewerkstelligen suchen. Der andere entschieden kürzere, aber auch gewaltthätigere Weg wäre die gewaltsame Enteignung, die Beseitigung der Privatunternehmer mit einem Schlage, einerlei durch welche Mittel." Das heifst doch wohl, wenn Ihr Bourgeois und tuttiquanti Alles freiwillig hergebt und Euch uns bedingungslos unterwerft, wollen wir Gnade vor Recht ergehen lassen. Wie diese geübt werde, bleibt ungesagt. Dafs aber jene Unterwerfung nicht sehr wahrscheinlich sei, lassen denn auch andere sozialdemokratische Stimmen erkennen; „denkt, ruft der „Volksstaat," was Ihr Lust habt, thut, was Ihr Lust habt, ihr Herren; aber eins lafst Euch gesagt sein:

Um die Revolution kommt Ihr nicht herum. Ihr habt nur die Wahl zwischen der leichteren Revolution mittelst geeigneter Kammerbeschlüsse, und der Revolution auf dem gefährlicheren Wege der Gewalt. Gefällt Euch die letztere besser — gut, Ihr habt zu entscheiden!" „Hat die machthabende Klasse, rief Lassalle aus, so lange die friedliche, gesetzlich-soziale Revolution verzögert, dann wird die soziale Revolution gewaltsam hereinbrechen mit wild wehendem Lockenhaar, ehernen Sandalen an den Füfsen." Dafs im Grunde nur der Weg der Gewalt in Betracht komme, ist tausende Mal von der Sozialdemokratie erklärt worden. Auf dem Kongress in Bern, der den ewigen Frieden und die Freiheit begründen sollte, wies der Sozialist Jaclard dazu folgenden Weg: „Wir wollen alles umstürzen; wir trennen uns von Euch, und wir sagen Euch: Ihr werdet den Krieg haben, und er wird schrecklich sein. Er wird sich gegen alles wenden, was besteht. Ja, man mufs mit der Bourgeoisie und ihren Einrichtungen ein Ende machen. Und nur auf ihren rauchenden Trümmern wird die Republik endgiltig sich zusammenfinden. Auf den Trümmern, bedeckt, ich sage nicht mit ihrem Blut — denn schon lange haben sie kein Blut mehr in den Adern —, nein, mit ihren aufgehäuften Körperresten werden wir die Fahne der sozialen Republik aufpflanzen." Deshalb ist die parlamentarische Arbeit der Sozialdemokraten nur Agitationsarbeit, wie Liebknecht und Genossen ausdrücklich sagen und der „Volksstaat" weiter ausführt, der seine Ausführung mit der Begründung schliefst: „Entfernen wir uns von dem revolutionären Wesen und Ursprung unserer Partei, verlieren wir nur einen Augenblick die Fühlung mit dem revolutionären Volk, so stehen wir in der Luft".

Es sei Zeit, schrieb einer schon 1871, dafs man zu dem „praktischen Revolutionarismus" übergehe, und Hasenclever sagte: „Wenn für unsere Bestrebungen Nutzen daraus entstände, würden wir getrost die Hand des Teufels annehmen". Und wenn der „Sozialdemokrat" Anfangs 1888 schrieb: „Der Teufel ist die einzige anständige Person in der ganzen christlichen Kirche", so wendet dies der „Volksstaat" auf die Praxis an und sagt: „Wir wollen lieber dem Fürsten der Unterwelt, als dem Herrn des Himmels dienen, und wenn es war wäre, was behauptet wird, dafs die Revolution ein Ausflufs des Satans sei, — nun dann sollte Satan unser Gott sein"; und an einer anderen Stelle: „Ja, die Revolution ist satanisch ihrem Wesen nach, wenn Satan das Sinnbild des Geistes der Empörung ist, der Feind gegen die Götter, die Priester, die Könige, gegen alle Vertreter der Autorität u. s. w." Deshalb schreibt dasselbe Blatt weiter: „Erst mit dem letzten Christen wird auch der letzte Sklave frei werden. Die Zukunft mufs dem Atheismus gehören!" Und ein Genosse W. schreibt: „Lehren die Schulen den alten christlichen Zauberspuk, so predigen wir durch Wort und Schrift bei jeder passenden Gelegenheit das Gegenteil, zeigen den Lügnern, dafs das Wort ihres Staatsgötzen, der Bibel und Unsterblichkeit gleich Null ist." Für die damalige Agitationsweise — während der Geltung des Sozialistengesetzes — ist die Vorschrift des „Sozialdemokrat" bezeichnend: „Da die Kritik der staatlichen und gesellschaftlichen Zustände im deutschen Reiche jetzt sehr erschwert ist, dagegen die Verbreitung von atheistischen Ideen noch verhältnismäfsig ungehindert ist, so möge jeder Genosse, dem sonst die Hände gebunden sind, wenigstens sich bestreben, atheistische und naturwissenschaftliche, besonders darwinistische Schriften und Anschauungen zu verbreiten. Es bleibt wahr: wenn Gott aus den Gehirnen der Menschen vertrieben ist, so fällt auch das Gottesgnadentum." Darum ruft ein anderes sozialistisches Blatt: „Erst wenn alle Religion weggefegt, alle, sowohl christlichen als sonstigen religiösen Begriffe bis auf die letzte Spur ausgetilgt sein werden, können wir das politische und soziale Ideal erreichen, das wir erstreben . . . . Krieg Gott und Christo! Krieg allen Despoten des Himmels und der Erde!" Und nochmals erhebt der „Volksstaat" in dieser Beziehung warnend seine Stimme: „Es ist . . . ein grober Irrtum, wenn man sich der Vorstellung hingiebt, als seien die bestehenden kirchlichen Einrichtungen, welche den alten Gottesglauben aufrecht zu erhalten bestimmt sind, für das Gelingen der sozialistischen Revolution gleichgiltig oder von untergeordneter Bedeutung. Die Hoffnung auf ein befriedigendes Gelingen der sozialistischen Revolution ist ein schwärmerischer Irrtum, so lange man es verabsäumt, durch allgemeine und gründliche Volksaufklärung den alten Gottesaberglauben auszurotten." Und in seiner Nummer vom 15./2. 1881 stellt der „Sozialdemokrat" sein „Ideal" deutlich genug hin: „Wenn die niedergetretenen und ausgesogenen Völker sich erheben, statt der Psalmen und Litaneien die neue Marseillaise anstimmen: dann wird man einen grofsen Scheiterhaufen aufbauen, das alte Gerümpel der alten Gesellschaft verbrennen und danach einen Bau für die neue Gesellschaft aufführen, in dem es weder Throne, noch

Altäre, noch Geldsäcke giebt." „Das Volk, schreibt die Kölner Arbeiterzeitung (1890, No. 52), wird sich durch keine überlebten Phrasen vom christlichen Gehorsam abhalten lassen, seine Fesseln zu sprengen!"

Wie sich die Sozialdemokratie ihre revolutionäre Thätigkeit denkt, beweist sie am deutlichsten in ihrem Verhältnis zur Kommune; der „Sozialdemokrat" vom 15./3. 1883 gratuliert der „Arbeiterklasse" als der „einzigen Klasse", welche noch einer solchen „gesellschaftlichen Initiative fähig war". Worin bestand diese „Initiative"? In der Ermordung des Erzbischofs von Paris und 63 anderer Männer geistlichen und weltlichen Standes, deren Leichen auf eine scheufsliche Weise verstümmelt wurden, in einer organisierten Brandstiftung, durch welche eine grofse Anzahl von öffentlichen und Privat-Gebäuden niederbrannten, in der Niederreifsung von Denkmälern u. s. w.; und dafs diese „Initiative" nicht eher geruht hätte, als bis ganz Paris in Staub und Asche lag, beweisen die Vorbereitungen, deren Ausführung durch die Truppen verhindert wurde. Dafs alles dies nur ein „kleines Vorpostengefecht" in dem Kriege sei, „den das Proletariat gegen alle Paläste führen wird", erklärte Bebel 1871 im Reichstage; und sein Organ „der Volksstaat" erklärte die Sozialdemokratie für „solidarisch mit der Kommune"; „wir sind bereit, fährt das Blatt fort, jeder Zeit und gegen Jedermann ihre Tendenzen zu vertreten".

Aber die Sozialdemokratie geht noch weiter. Dafs die Anarchie nichts ist als die Konsequenz der allgemeinen Freiheit und Brüderlichkeit und des Atheismus, sowie des Grundsatzes, dafs jeder Autorität im Himmel nicht blofs, sondern auch auf Erden der Krieg erklärt und ein Ende gemacht werden soll, bedarf keines Beweises. Und wenn die offizielle Sozialdemokratie dies auch äufserlich nicht Wort haben will, so erklärt sie sich auch mit den anarchistischen Mördern dadurch thatsächlich eins, dafs sie deren Hinrichtung „Justizmord" nennt und auch die sämtlichen Schriften Mosts den Genossen zum Studium empfiehlt, wie dies der „Sozialdemokrat" vom 26./1. 1890 thut. Dasselbe Blatt hatte schon 1883 im März folgende programmatische Stellen veröffentlicht: „Die Bourgeoisie und die heutige Staats- und Weltordnung wollen wir in ihrer Gesamtheit als Ganzes vernichten und umstürzen, das Privateigentum im grofsen und ganzen abschaffen. Nichts Ehrenvolleres und Nützlicheres als die Armee und mit der Armee die heutige Staats- und

Gesellschaftsordnung, sei es im Strafsenkampf, sei es im offenen Felde zu überwinden." „Es ist ein Kampf, wie ihn die Welt zuvor noch nicht gesehen. Revolutionäre Klassen hat es schon früher gegeben, aber nie Klassen, die sich ihrer revolutionären Mission so bewufst waren, die ihr Ziel so fest im Auge hatten, die ihre Bestrebungen so offen proklamierten, so sicher ihres endlichen Sieges waren; an dieser Sicherheit, an diesem Siegesbewufstsein, an dieser tiefen Überzeugung ihrer grofsen Mission zerschellen alle Anschläge unserer Feinde."

Soviel mau auch von all diesem auf Rechnung der agitatorischen Grofssprecherei, die sich zugleich selbst Mut zuschreit, setzen will, das ist unzweifelhaft, dafs die Sozialdemokratie ihr blutiges Ziel vor niemand verborgen hat, und dafs von den oben bezeichneten zwei Wegen zur endlichen Erreichung des Ziels nur der 2. übrig bleibt, der der Gewalt. Dies haben Marx und sein Freund Engels lange gesagt und es in neuester Zeit offen erklärt. Das grofse „wissenschaftliche Organ" der Sozialdemokratie „die neue Zeit" — in welcher auch der oben erwähnte Vortrag von Gr. Allen für die Partei kapitalisiert war — druckt die Worte von Fr. Engels ab, die dieser am 18. März 1891 — Denktag der Kommune — geschrieben hatte: „Der deutsche Philister ist neuerdings wieder in heilsamen Schrecken geraten bei dem Wort: Diktatur des Proletariats. Nun gut, ihr Herren, wollt ihr wissen, wie diese Diktatur aussieht? Seht euch die Pariser Kommune an. Das war die „Diktatur des Proletariats". Der Hallesche Parteitag hat den nationalen Führer der Sozialdemokratie Lassalle preisgegeben, er braucht nicht mehr das Agitationsmittel vom „ehernen Lohngesetz". Die offizielle Sozialdemokratie ist offenbar der Meinung, dafs man nicht blofs jenes Mittel entbehren könne, sondern auch die Folgerung aus jenem Fallenlassen nicht zu fürchten brauche, die Folgerung nämlich, dafs damit ja auch die Behauptung hinfällig sei, der Lohn entspreche immer nur dem Minimum der Lebenshaltung. Und so ist es. Die von Lassalle geforderte und mit seinem „Lohngesetz" betriebene Agitation, die Arbeiter von ihrer üblen Lage zu überzeugen, hat ihr Ziel erreicht. Deshalb hat der Parteitag auch die 2. Forderung Lassalles: Produktivassoziationen mit Staatshilfe fallen lassen, denn man will anstatt solcher „nationalen" und „reaktionären" Palliative, „wirksame" Mittel. Und die bietet nur der internationale Marx und seine Anhänger. Die erste Etappe: Allgemeine Unzufriedenheit der unteren Klassen, allgemeine Beunruhigung der mittleren und oberen Schichten und Infizierung derselben mit dem sogenannten „vernünftigen Sozialismus", allgemeine Verstimmung gegen die „Autorität", allgemeine Erwartung, dafs der sogenannte „Sozialismus" etwas ausrichten werde, Einschüchterung und sentimentale Nachgiebigkeit bei den Weichherzigen, schroffe Ablehnung bei den Harten, kurz allgemeines Gefühl der Unsicherheit; diese erste Etappe ist erreicht. Und so sind denn die Halbthoren und Halbweisen herangezogen, welche die gröfste Gefahr im öffentlichen Leben sind.

2. Kapitel.
Die neue Methode.

Vor 46 Jahren schon schrieb Marx: die Theorie werde zur materiellen Gewalt, sobald sie die Massen ergreife; sind die Massen von der Theorie besessen, so werden sie sich zum Herrscher machen und sie werden die Diktatur ausüben durch den „revolutionären Terrorismus", welcher aus dem gegenwärtigen Zustand zum kommunistischen führt. Nachdem auf der ersten Etappe die Bearbeitung des Bodens ausreichend vollzogen ist, folgt nun die Aussaat.

Aber wie kann die Theorie zur materiellen Gewalt werden? Lehrt uns denn die Geschichte, dafs und wie dies geschehen ist? Man braucht nur die geistvolle Arbeit Taines, die Entstehung des modernen Frankreichs nachzulesen.

Nichts kann gefährlicher sein, führt Taine (II, 3) aus, als eine allgemeine Idee in einem kleinen und leeren Gehirne. Die Idee begegnet in einem solchen Gehirn infolge seiner Leere keinem Widerstand, keinen Kenntnissen, die sich ihr hindernd in den Weg stellen; andrerseits braucht sie infolge der Kleinheit des Gehirns nicht viel Zeit, um es vollkommen auszufüllen. Der Inhaber eines solchen Gehirns ist in Wahrheit ein besessener Mensch. Etwas, das nicht zu ihm gehört, ein ungeheurer Parasit, ein fremdartiger, zu seinen bisherigen Anschauungen nicht im richtigen Verhältnis stehender Gedanke lebt in seinem Kopfe, entwickelt sich daselbst und weckt die bösen Begierden, die in ihm latent sind. Und diese von ihrer fixen Idee beherrschten Massen werden dann, ihrer Herrscherin unbedingt ergeben, dieser auch zur Herrschaft über Alle zu verhelfen suchen. Und welches war die fixe Idee? Nachdem die Deïsten und

Weltverbesserer wie Voltaire und Montesquieu, sowie die Encyklopädisten und Materialisten wie Diderot, Holbach u. s. w. die Tradition zerstört hatten, konnte die fixe Idee Rousseaus sich der Köpfe, die nunmehr leer waren, bemächtigen; diese fixe Idee, von der völlig verkehrten Annahme ausgehend, daſs alle Menschen von Natur gut und gleich seien, daſs nur die Gesellschaft sie verdorben habe, und der reaktionäre Staat, der doch nur durch einen Gesellschaftsvertrag bestehe, sie knechte, sagte: die Zivilisation ist verkehrt, man muſs zur Natur zurückkehren, den „Gesellschaftsvertrag" auflösen, die Gesellschaft und das Eigentum neu organisieren. Ist Jemand kurzsichtig genug die Parallele zu verkennen?

Nachdem durch die sogenannte „Wissenschaft" und die dem französischen Geist entsprechende Form der „revolutionäre Geist" sich organisiert hatte, gelangte er zur Wirksamkeit, zerstörte wie gesagt die Tradition von Staat, Gesellschaft, Eigentum, Zivilisation, Kirche und Nation und proklamirte das „Zeitalter der Vernunft". Nachdem bei uns durch die sogenannte „Wissenschaft und die dem Charakter der Bewegung entsprechende populäre Form der „revolutionäre Geist" sich organisirt hatte u. s. w. u. s. w. proklamierte er das „Zeitalter des Sozialismus", die „neue Zeit". Während damals die „Gesellschaft" in den Nichtigkeiten des Tages aufging, das öffentliche Leben vernachlässigte, das Geld verschleuderte, das Geschäft vernachlässigte, die Kinder den Dienstboten überlassen wurden, schwärmte man im Geheimen für das neue Evangelium und die Idealesten waren bald die Sentimentalesten und Optimistischsten; der 4. Stand, mittlerweile in Haſs und Miſstrauen gesetzt, von den Dorfadvokaten, Ferkelstechern und verkommenen Subjekten gehetzt, machte sich bereit, das „Volk" und zwar „das Volk als König" zu spielen, und zwar mit den Piken bewaffnet; so begann bei den Wahlen der Terrorismus der Theorie durch die Piken und der Piken durch die Theorie. Als beide auch der Hauptstadt Herr geworden waren, wurden sie auch die Herren des Parlaments und beherrschten dies durch Theorie und Furcht, wie sie die Massen durch Theorie und Hunger beherrschten. Die Schlösser wurden niedergebrannt, die Eigentumsurkunden vernichtet, Adel und Klerus zum Teil getötet, zum Teil vertrieben, die Soldaten waren durch Theorie, Schnaps und lüderliche Frauenzimmer für die Sache der „Freiheit" gewonnen, die Regierung gelähmt, die Anarchie thatsächlich vorhanden, die Verwirrung in Permanenz; Frankreich war damals wie ein Tagelöhner, meint Taine, der vom Fasten aus der Monarchie erschöpft, sich am schlechten Schnaps des Gesellschaftsvertrags und der anderen Doktrinen berauscht hatte, bis er plötzlich von Gehirnlähmung befallen wurde: alle Organe gerieten in Zwiespalt mit andern und zerrten einander hin und her. Die Zeit des lustigen Fieberwahnsinns war vorbei und die des düsteren trat ein. Von nun an war es im Stande alles zu wagen, zu erdulden, zu thun.

Die Nutzanwendung auf den vorliegenden Fall ist nicht schwer. Kein Vernünftiger wird zweifeln, dafs wenn Preufsen oder Deutschland sich in den oben geschilderten Zustand des Tagelöhners bringen läfst, ihm dasselbe Geschick widerfährt wie Frankreich, dessen sich damals die Jakobiner bemächtigten. In ihrer Selbstgefälligkeit und Überhebung hatten diese die Theorie zu einem dogmatischen System ausgebaut. Die Grundbegriffe sind: der Mensch ist gut und gleich, daher seine „unveräufserlichen Rechte", Freiheit, Gleichheit, Vernunft, Gesellschaftsvertrag; dieser Lehre können nur die Bösewichter widersprechen und das sind dieselben, welche die Männer des Volks aus der Gesellschaft ausgestofsen und im Beratungssaale mundtot gemacht haben; dafür, sagten diese tugendhaften Männer der Vernunft, werden wir euch aus den Reihen der Lebendigen streichen, denn auf der Strafse sind wir stärker als ihr; wir werden euch physisch tot machen, wie ihr uns bürgerlich tot gemacht habt. Durch ihre „Diktatur" wollten sie ihre Theorie, ihre fixe Idee in Wirklichkeit verwandeln: das Prinzip der Gleichheit lehrt, dafs Jeder, mit allem was er hat, in der Gesamtheit aufgehen mufs, dafs der neue Staat Alles zu leiten hat, auch die Gedanken und Gefühle. Dem Prinzip entsprechend mufs Kirche, Religion, Adel und alle Ungleichheit beseitigt, die menschliche Natur nach dem „patriotischen Typus" umgestaltet, das Gewissen als christliches, die Ehre als feudales Trugding beseitigt werden. Wohlstand und Bildung sind gefährliche Gegner der Gleichheit und Eigenschaften der verrotteten alten Stände — diese waren zuerst die Aristokraten, zuletzt alle sogenannte „anständigen Leute" — sie müssen also ausgerottet werden.

So wurde die Theorie zur materiellen Gewalt.

Und so wird sie wieder materielle Gewalt werden, wenn die Staatsgewalt lässig und verzagt, die Gesellschaft optimistisch, pessimistisch oder sentimental, die Ehe und Familie zersetzt, Religion und Kirche und alle andere „Tradition" hinfällig gemacht wird. Die Sozialdemokratie ist gegenwärtig nach dem Marx'schen Rezept und ihrer „Wissenschaft" an der Arbeit. Sie weifs, dafs sie mit denselben Mitteln die sogenannte friedliche, wie die gewaltsame Revolution vorbereitet, bzw. in Ausführung bringt.

Sie sagt mit Recht: erst mufs die Kirche und Gott beseitigt werden, dann folgt der Staat und das Königtum von selbst. Deshalb haben die „Genossen" neuerdings der Religion gegenüber eine ganz andere Taktik eingeschlagen. Der Knappheit des Raumes halber nur eine Stelle, welche der sozialdemokratische „Thür. Volksfreund" zu besagtem Zwecke als Leitartikel gebracht hat.

„Wir kommen zum Punkte der Religion. Die Gegner behaupten, wir wollten dieselbe abschaffen. Sie würden solches nicht sagen, wenn sie unsere Grundsätze begriffen hätten.

Religion ist das Gefühl für das Gute, Heilige und dieses selbst. Ursprünglich immer mit einer gewissen Regel, einem Kultus verknüpft, hat sich das religiöse Gefühl im Laufe der Jahrtausende mehr und mehr vom Kultus, d. h. von den Kirchen selbständig gemacht. Man kann heute ein musterhafter Christ sein und braucht doch keiner Kirche anzugehören. Man kann religiös sein und braucht deswegen doch nicht an die Existenz eines persönlichen Gottes oder die Unsterblichkeit des Individuums zu glauben. Die Buddha-Religion, welche die verbreiteste Religion auf Erden ist, hat keinen eigentlichen Gott und keine Unsterblichkeit. Die Religion des Mose hat gleichfalls keine Unsterblichkeit. Religiös ist nach unserer Auffassung einfach der, welcher die Kernforderungen aller Religionen: „Liebe deinen Nächsten wie dich selbst" thatsächlich auszuführen sich ernsthaft bestrebt.

Religion und Kultus oder Kirche sind im Volksbewufstsein also nicht mehr ein und dasselbe. Die Naturwissenschaften haben zu grofse Fortschritte gemacht, als dafs die Grundsätze der Kirchen nicht mehr oder weniger in Mitleidenschaft gezogen worden wären. Wir sind Kinder einer anderen Zeit, als der, in welcher die Kirchen ihre Lehren formulierten, und wir sind Anhänger der unbedingtesten Meinungsfreiheit und können deshalb nicht zugeben, dafs die Kirchen das Staatsleben beherrschen wollen, und dafs der Staat die Kosten für den Unterhalt der Priester und Tempel aufbringt.

Wir wollen die Religion zur Privatsache erklärt sehen, d. h. wir verlangen vollständige Trennung der Kirche vom Staat. Wir wollen keineswegs die Kirchen zerstören, sie sollen als Privatgesellschaften innerhalb des gleichen Rechts alle ihnen wie uns zukommende Bewegungsfreiheit haben. Wir erkennen bedingungslos jedermanns Recht an, sich die Entstehung der Welt als That eines persönlichen Gottes zu erklären und an kirchlichen Gebräuchen teilzunehmen, und dafs die Anerkennung dieses Rechts uns wirklicher Ernst sein mufs, geht schon daraus hervor, dafs kein Mensch den andern hindern kann, über irgend eine Sache so oder so zu denken und sich zur Ausbreitung seiner Ideen so oder so zu organisieren.

Aber auch das ehrwürdige tausendjährige Alter der Religionen ist ein Grund für uns, ihren Anhängern gegenüber uns der gröfsten Toleranz zu befleifsigen. Wir greifen denn auch die Frommen nur dann an, wenn sie in unser gleiches Recht auf Meinungsfreiheit eingreifen, wenn sie uns verbieten wollen, anders als sie über Religion zu denken.

Unsere Partei ist eine wirtschaftliche und politische Partei. Die grofse Mehrzahl unserer Genossen gehört selber noch der Kirche an. Käme es uns darauf an, die Kirche abzuschaffen, so müfsten wir samt und sonders aus der Kirche austreten. Die Partei hat aber von jeher daran festgehalten, dafs die Zugehörigkeit zu einer Kirche jedermanns Privatsache sei, und es deshalb stets abgelehnt, irgend einen Genossen zu zwingen, aus der Kirche auszutreten, oder zu religiösen Streitfragen Stellung zu nehmen. Auf dem Parteitag zu Halle wurde ein dahin zielender Antrag mit der einmütigen Erklärung abgelehnt, dafs die Sozialdemokratie als wirtschaftlichpolitische Partei kein Recht habe, sich in religiöse bzw. kirchliche Dinge zu mischen.

Die Sozialdemokratie unterschreibt das Wort Friedrichs des Grofsen: In meinem Reiche soll jeder nach seiner Façon selig werden.

Wird dieses Wort durch Trennung der Kirche vom Staat im ganzen Umfange ausgeführt, dann erhalten die Priester freilich auch kein Einkommen mehr aus den Kassen des Staates, bzw. seiner Gemeinden, sondern die Gläubigen selbst haben die Unterhaltungskosten der Priester aufzubringen. Natürlich werden dann die Priestergehälter nicht mehr so hoch bemessen sein, als dies jetzt so häufig der Fall ist. Aber das thut der Religion keinen Eintrag und kann ihr keinen Eintrag thun, denn auch Christus ist arm gewesen, und war doch der Stifter der christlichen Religion. Zählt der Staat bzw. seine Gemeinden den Priestern nicht mehr das Gehalt, so werden die Priester wohl in vielen Fällen ihren Lebensunterhalt noch aus einer anderen Thätigkeit, als lediglich der der kirchlichen, bestreiten müssen. Die Priester werden dann vielleicht als Ärzte oder Handwerker mit thätig sein, wie das bei verschiedenen Religionssekten in Amerika schon jetzt sehr häufig der Fall ist. Aber auch hierin kann selbst der frömmste Christ nichts Übles sehen, denn auch die Apostel haben, soweit sie nicht selbst Vermögen hatten, ihren Lebensunterhalt zum Teil wenigstens durch eine Hantierung erwerben müssen.

Wenn der Gegner also behauptet, die Sozialdemokratie wolle die Religion abschaffen und die Kirchen zerstören, so wird man aus den vorstehenden Darlegungen wissen, dafs der Gegner auch in diesem Punkte irrt."

Man vergleiche diese, auf die Kreise der Landleute berechnete Heuchelei nur mit dem Obengesagten nicht blofs, sondern auch mit dem, was die „zielbewufsten Genossen" noch jetzt in den Städten verkündigen, wo sie jener Heuchelei nicht bedürfen, die übrigens in jenem Fall einen leicht erkennbaren praktischen Zweck hat. Der Pfarrer wird auch hier, allerdings mehr versteckt wie sonst, dem Bauer als Faulenzer und die Kirche als eine kostspielige Anstalt denunziert; und in dem von dem radikalen Liberalismus völlig durchwühlten thüringischen Bauernstande, wo einst auch Münzer seinen Herrschersitz aufgeschlagen hatte, sind dergleichen „Initiativen" ganz zweifellos von Wirkung. Derselben Wirkung konnte Bebel sicher sein, als er ungefähr gleichzeitig in Berlin den Pfarrer mit Schneider und Schuster auf eine Stufe stellte. So widerspruchsvoll häufig die Behauptungen der Sozialdemokratie sind, sie haben immer zugleich den Zweck der Agitation und der Zerstörung der Tradition. Wenn auch Marx sonst den Jakobinern und Leuten wie Robespierre gram ist, weil sie Babeuf hinter Schlofs und Riegel gesetzt haben, so hat er doch viel von ihrer Theorie beibehalten: An den Verbrechen ist die Gesellschaft und nicht der Verbrecher schuld, folglich . . . . .; die Lehre vom Freihandel ist zwar verwerflich, aber sie mufs unterstützt werden, weil sie die nationale Volkswirtschaft ruiniert, u. s. w.

Die Getreide- und Vieh- etc. Zölle sind nicht blofs wirtschaftliche, sondern auch soziale Schutzzölle, aber eben deshalb müssen sie aufgehoben werden, damit der besitzlose Bauer in die Arme der Sozialdemokratie getrieben wird; Innungen, Befähigungsnachweise etc.

sind „reaktionär", denn sie gewähren dem Handwerk eine Stütze gegen die Verarmung, die es allmählich für den „Sozialismus" reif macht. In dem sozialistischen Staat soll zwar die allgemeine Zufriedenheit ihre ewige Stätte finden, jetzt aber lehrt das Berliner Volksblatt einstweilen noch (Oktbr. 89): „Keine Dummheit, keine Branntweinpest, kein anderes Laster kann so sehr ein Volk zurückbringen als Zufriedenheit, Zufriedenheit ist moralischer Tod." Die Autorität ist zwar die Wurzel alles Übels, aber im Zukunftsstaat wird ihr eine Stellung angewiesen, die alle bisher dagewesene Tyrannei in den Schatten stellt, sogar die des „Wohlfahrtsausschusses". Im Zukunftsstaat soll zwar die vollkommene Glückseligkeit herrschen, aber Ehe, Familie, Gattentreue und Mutterliebe, Kindespflicht müssen vorher ausgerottet werden, wie Religion, Zufriedenheit und Autorität. Dafs eine sozialistische Autorität wie Rousseau die Familie als die „älteste und allein natürliche aller Genossenschaften" bezeichnet, dafs ein so „vernünftiger Sozialist" wie Schäffle sie auch wirtschaftlich für unentbehrlich erklärt, macht der Sozialdemokratie nichts aus.

Sehr bezeichnend für die neue Methode ist auch das Verhalten der Sozialdemokratie zur sogenannten Frauenemanzipation.

Früher ging die Sozialdemokratie im wesentlichen darauf hinaus, die weiblichen Arbeiter möglichst von der „Arbeit" auszuschliefsen, um durch diese Konkurrenz nicht die Arbeitsgelegenheit zu mindern; in dem neuen Programm hat sie sich auch in diesem Punkte der Internationale angeschlossen und fordert das Frauenstimmrecht. Da die Sozialdemokraten nun seit dem letzten Pariser Kongrefs programmmäfsig für die weiblichen Arbeiter gleiche Arbeitsbedingungen fordern, halten sie sich nicht blofs indirekt jene Konkurrenz vom Halse — denn bei gleichen Bedingungen wird der männliche Arbeiter vorgezogen — sie halten auch die Unzufriedenheit bei den weiblichen Genossinnen wach, fordern ihre Agitation für sich auf den Plan und berechnen bereits, wie die „Berliner Volkstribüne" z. B. dies gethan hat, dafs von den $5^{1}/_{2}$ Millionen weiblicher Erwerbsthätigen und Dienenden das Gros für sie stimmen und werben werde. Damit aber diese weibliche Agitation sich nicht mit der bezüglichen „bürgerlichen" und „reaktionären" — diese ist bekanntlich in England ziemlich stark — verbinde und dann für die Sozialdemokratie wertlos werde, wird diese Verbindung offiziell in den Bann gethan und gesagt („Berl. Volkstribüne"): „Wir haben also nicht nur kein Interesse an einer Bewegung für das Frauenstimmrecht ohne ausgesprochen proletarischen Charakter, sondern müssen sie sogar von uns fern halten." Das heifst, wenn der Mohr seine Schuldigkeit gethan hat, kann er gehen.

Die oben erwähnte Heuchelei bezüglich der Religion ist zwar auf die Bauern berechnet, aber die „Berl. Volkstribüne" hat es sich doch nicht nehmen lassen, im Herbst 1890 eine Reihe von Artikeln „Was die Sozialdemokraten von den Bauern denken" zu veröffentlichen, in welchen der Bauer der „Heuchelei" und „Scheinheiligkeit" bezichtigt wird. Der Bauer habe nicht „die allernotwendigste Wahrheitsliebe", Ehrlichkeit und Rechtschaffenheit fehlen ihm nicht minder, er gehört unter die Ehrabschneider und Spötter; er ist dumm und „tappt wie blind durch das Leben" und fällt „Schritt für Schritt, sich und Andern zur Last"; er hat „gar kein Gefühl für Überzeugung, er weifs nicht, was das ist, wenn man überzeugt ist" u. s. w. Obwohl er nach dieser Auffassung „unverbesserlich" ist, wird nun doch die „Landagitation" in grofsem Stil zu betreiben gesucht und durch „landsmannschaftliche Gruppen" jetzt eingeleitet und durch „zielbewufste Genossen" (à la Molkenbuhr) ländlicher Herkunft auch betrieben. Denn ehe dieser Grundstein der Volkswohlfahrt, des Staatsbestands, des Heeres, diese Quelle nationaler Kraft und Regeneration nicht erschüttert und vergiftet ist, kann das Ziel weder auf dem einen noch dem andern „Wege" erreicht werden. Der Bürgerstand mufs in seinen unteren Schichten wirtschaftlich ruiniert und dann fanatisiert, in seinen mittleren Schichten noch weiter sozialistisch infiziert, betäubt, eingeschüchtert, in seinen oberen Schichten schlecht und gruselig gemacht, die Aristokratie auf die Proskriptionsliste gesetzt, das Königtum entwürdigt werden. Wie alles dieses nicht möglich ist ohne Vernichtung der Kirche, weifs die Sozialdemokratie sehr wohl und hat es oft genug ausgesprochen; dafs es mit der Schule ähnlich steht, ist ebenfalls bekannt. Die Sozialdemokratie begnügt sich aber nicht damit, diese den „Händen der Pfaffen" entreifsen und die Lehrer sozialistisch anstecken zu wollen, sie hat nunmehr auch begonnen, durch die „Arbeiterbildungsschule" — die mit der Zeit zur „Arbeiteruniversität" ausgebaut werden soll — die „reaktionäre" Volksschule in ihren Wirkungen zu paralysieren und „zielbewufste Genossen" heranzubilden und methodisch zu schulen. Nicht minder ist sie eifrig an der Arbeit, das Heer für den „Sozialismus" zu interessieren und event. zu gewinnen.

Man hat sehr viel Gewicht darauf gelegt, dafs die sog. „Jungen" den Alten in einem besonderen Manifest im Juli 91 förmlich den Krieg erklärt und sie beschuldigt haben, eine „Regierung" darzustellen und sich der „demagogischen Verhetzung und Angstmeierei" schuldig gemacht zu haben; das ist weder zu verwundern noch von irgend einer Bedeutung. Die „Jungen" sehen in der neuerdings aus guten Gründen eingeschlagenen opportunistischen Politik der Alten eine Gefährdung des „Prinzips", bzw. sind auf dem sozialistischen Wege schon soweit vorgeschritten, dafs sie überhaupt keine Leitung, keine „Autorität" mehr wollen — und dies entspricht ja der Theorie —; und dafs in einer radikalen Partei die Radikalsten zuletzt die Oberhand bekommen, ist eine eben so alte als unumstöfsliche Erfahrung; je früher diese Eventualität in dem vorliegenden Falle eintritt, desto kürzer ist der zurückzulegende Weg und desto näher rückt der Kampf um die Diktatur. An der Lage selbst ändert dies ebensowenig, als wenn Herr von Vollmar einmal eine nationale Anwandlung verspürt und dies ohne Gefahr für seine Person aussprechen kann, so lange Herr Bebel als Berliner gilt und Herr von Vollmar als Bayer.

Weder durch diese Vorgänge noch durch die vielen wirklichen und scheinbaren Widersprüche in den obigen Ausführungen darf man sich über die Thatsache täuschen: die erste Etappe hat die Sozialdemokratie erreicht, sie ist offiziell in das Lager der internationalen Sozialdemokratie übergegangen und ist auf allen Gebieten fleifsig an der Arbeit auf ihr Ziel los.

Wir deutschen Schulmänner haben allen Grund, planmäfsig an die Gegenarbeit zu gehen und was an uns liegt, das heranwachsende Geschlecht zu tüchtigen deutschen Männern, Christen und Staatsbürgern zu bilden, dann hat die Sozialdemokratie kein Teil an ihnen und wird es nie haben.

III. Abschnitt. Was hat demnach die Schule zu thun?

In grofsen Zügen hat der obenerwähnte Allerhöchste Erlafs bereits die Antwort erteilt. Es wird auf Grund obiger Ausführungen leicht sein, „der Jugend die Überzeugung zu verschaffen, dafs die Lehren der Sozialdemokratie den göttlichen Geboten und der christlichen Sittenlehre widersprechen", sowie dafs sie „in ihren Konsequenzen den Einzelnen und dem Ganzen gleich verderblich sind"; nicht minder, dafs sie „in der Wirklichkeit unausführbar". Zu dem letzten Punkte mögen hier noch einige ergänzende Bemerkungen stehen. Es mag nur noch einmal hervorgehoben werden, dafs die Sozialdemokratie selbst nach dem Vorgang von Marx der Meinung ist, nur durch Gewalt sei schliefslich zum Ziele zu kommen und zwar nach dem Muster der Kommune; dafs dies keine Grofssprecherei ist, zeigen z. B. die Vorgänge in der australischen Kolonie Queensland während des vergangenen Sommers. Der „Brisbane Courier" berichtet darüber in der Kürze folgendes. In dem westlichen Teil der Kolonie war die sozialistische Arbeiterverhetzung schon seit Monaten mit besonderer Stärke betrieben worden. Die Anstifter der Revolution hatten ihre Fäden von Brisbane aus gesponnen und die Stadt Barcaldine als den Punkt bezeichnet, wo die Erhebung zuerst erfolgen sollte; 8000 Arbeiter mit einer Kriegskasse von 20,000 Pfd. St., aus welcher Waffen und Munition zu beschaffen und zu verteilen waren, sollten die Ausführung in der Weise übernehmen, dafs sie sich der Eisenbahn bemächtigten, Post und Telegraphen besetzten, die öffentlichen Kassen beschlagnahmten, und wenn 2000 Arbeiter in Barcaldine die soziale Republik erklärt hätten, sollten die anderen Punkte, von denen West- und Zentral-Queensland zu beherrschen war, besetzt werden u. s. w. Nur durch den Übereifer der untergeordneten Agitatoren erhielten die Behörden rechtzeitig Nachricht, nahmen zahlreiche Verhaftungen vor und verstärkten die Besatzungen. Die Hauptradelsführer scheinen auch hier ihre Personen rechtzeitig in Sicherheit gebracht zu haben, und die Verführten werden auch hier wieder das Gelage bezahlen müssen. Diese Nachrichten des Brisb. Courier als richtig vorausgesetzt, sind diese Vorgänge typisch.

Wenn man von den Sozialisten Auskunft über die Ausführbarkeit ihrer Pläne verlangt, erfolgt eine grobe Abweisung nach bekannten Mustern; es verlohnt deshalb, jeden einschlägigen Punkt zu registrieren. Das sozialdemokratische Blatt der „Volkswille" und nach ihm der „Vorwärts" haben anfangs August 1891 z. B. einen Vorschlag gemacht, der höchst bezeichnend ist. Es wird darin ausgeführt, dafs die Sitte der Gutsabtretung gegen einen sogenannten Altenteil die abtretenden Eltern oft in sehr ungünstige Lage bringe; „die einzige Hilfe, schreibt das Blatt weiter, kann nur durch die allgemeine staatliche Altersversorgung gebracht werden; der Staat mufs an j e d e n seiner Bürger, gleichviel welcher Gesellschaftsklasse er angehört, von einem bestimmten Alter, vielleicht vom 50. Lebensjahre an, alljährlich eine gleiche Summe Geldes zahlen, die zu seinem Unterhalte ausreicht." Dem Prinzip entsprechend erhält also Jeder sein Teil, ob Millionär oder Besitzloser, und zwar den gleichen Teil. Rechnet man nun, dafs etwa 1500 M. jährlich für Jeden nötig seien, so würde für Preufsen — nur 4 % seiner Bevölkerung als 50jährig angenommen — jährlich weit über $1^1/_2$ Milliarden zu zahlen sein; rechnet man nun die Invalidenversorgung für diejenigen hinzu, welche schon vor dem 50. Jahr erwerbsschwach oder erwerbsunfähig geworden sind, und erwägt, dafs das ganze preufsische Budget jährlich wenig über eine Milliarde beträgt, so wird man doch wohl fragen dürfen, wie dies alles möglich sein solle. Und da ist die Schule allerdings in einem besonders günstigen Falle: sie läfst das Märchen vom Schlaraffenland lesen und erzählen. Damit läfst sich auch noch weiteres verbinden.

Abgesehen von jenen Forderungen sind es aber auch noch andere nicht minder weitgehende, welche im sozialdemokratischen Zukunftsstaat erfüllt werden müssen — sie können nach dem früher Gesagten leicht zusammengestellt werden —, und was wird dem gegenüber von Leistungen zu erwarten sein? Augenblicklich fordert die Arbeitermarseillaise: „Acht Stunden sind genug," B e b e l hat für sein Zukunftsbild nur etwa 3 Stunden in Aussicht genommen. Man vergleiche damit was heute in allen Berufsklassen gearbeitet wird und wie viel geringer die Staatsausgaben sind als sie in jenem Zukunftsstaat sein würden, auch wenn der „Militarismus" abgeschafft wäre. Und dann denke man sich, was sollte aus einer Nation werden, die blofs 3 Stunden täglich arbeitete, und zwar nicht nach Lust und Beruf, sondern nach dem sozialistischen Rezept! Was sollte in den übrigen 21 Stunden geschehen? Familienleben giebt es nicht, denn „die borniertе Idyllpoesie des eignen Heims" wird dann „verschwunden" sein, es giebt nur öffentliche Speiseanstalten, es giebt keine häusliche Erziehung, es giebt nicht mehr Vater und Mutter in unserm Sinn, denn die werden ihren Kindern gegenüber „kälter" stehen als die verrottete Bourgeoisie; Kirchen giebt es nicht, dieselben sollen ja ausgerottet werden; die Schulen werden sein, wie sie oben beschrieben sind; „Autorität" soll nicht sein, „Zufriedenheit" ist ein Laster. Kein Einzelner darf nach seinen Anlagen und seiner Wahl und Lust arbeiten, denn die „Gesamtheit" wird dies dem Individuum vorschreiben; Eigentum giebt es auch so gut wie nicht, so auch keinen Erwerb; Glauben und Vertrauen sind nicht „wissenschaftlich," noch weniger ist es die Liebe. Das wäre das Schlaraffenland des Satans.

Aber mit diesen Betrachtungen, die doch nur eine Seite der Sache treffen, kann und darf die Schule sich nicht begnügen. Sie mufs sich klar werden über die Gesamtlage unserer Nation, sonst wird sie zum Quacksalber.

Es ist oben ausgeführt worden, dafs die Philosophie sich gegenwärtig in einer Krisis befindet, dafs der Wissenschaftsbegriff überspannt ist, die Volkswirtschaftslehre in Verwirrung, die politischen Meinungen in Zerfahrenheit stecken. Der Organismus unseres Volks ist durch eine falsche Wissenschaft in Atome zerteilt, der Begriff des Persönlichen in den starrsten Subjektivismus, der des grundsätzlichen Handelns in zähen Skeptizismus verkehrt worden. Wenn ich die Zeit recht verstehe, so hat mit der Selbstbesinnung unserer Nation auch die Wendung zum Besseren an nicht wenig Punkten schon begonnen. Man redet so viel von der deutschen Michelei, aber das ist doch erst recht Michelei, wenn man an der unerschöpflichen Kraft unserer Nation zu verzweifeln im Begriffe steht und Tag für Tag an alle Töpfe läuft, darin herumrührt und nach dem Stande des Gerichts sieht, an alle die Töpfe, welche in der geistigen und physischen Wirtschaft eines grofsen Volkes am Heerde stehen.

Wir sind unzweifelhaft schon in üblerer Lage gewesen wie heute. Man darf auf die „Wissenschaft" doch die Hoffnung setzen, dafs sie bescheidener wird und anerkennt, dafs ohne Glauben, dafs ohne Vertrauen überhaupt keine Erkenntnis gewonnen werden kann; es liegen Anzeichen genug vor, dafs die Volkswirtschaftslehre ebensowenig auf die historischen Ergebnifse sich beschränkt wie ins Blaue spekuliert; es scheint mir unzweifelhaft, dafs in den Parlamenten die praktische Politik über die Parteizerfahrenheit schon entscheidende Siege erfochten hat; es hat eine religiöse Einkehr stattgefunden; es ist in unserer jungen Litteratur, so viel Auswüchse sie zeigen mag, ein energischer Kampf gegen alles Scheinwesen, gegen den unfläthigen Mammonismus und Materialismus, gegen Schwindelgeist und Unzuverläfsigkeit aller Art in echtdeutscher Kraft, Wahrhaftigkeit und Derbheit begonnen. Freilich sind auch diese Kreise leider von dem sogenannten „vernünftigen Sozialismus" angesteckt, ohne sich klar über diesen Begriff und seine Tragweite zu sein; aber wissen wir denn nicht, dafs geschrieben steht: „Den Aufrichtigen läfst es der Herr gelingen?" Und wenn wir in der Schule und im öffentlichen Leben, soweit dies geschehen kann, echte Wissenschaft mit energischer Wahrhaftigkeit und deutschem Herzen vereinen und aus uns wirken lassen, dann kann uns der Erfolg nicht ausbleiben, denn Gott verläfst keinen Deutschen, wie überhaupt Keinen, der Ihn fürchtet. Nur in diesem echtdeutschen Wahrheitssinn, in dieser Gottesfurcht, die jede Menschenfurcht ausschliefst, kann die Schule vor den grofsen Gefahren behütet werden, die eine solche Aufgabe, wie die vorliegende, in einer solchen Zeit in sich birgt. Sie mufs sich ebenso wohl hüten vor Verbreitung sozialer Sentimentalität, welche dem Sozialismus seine Opfer selbst in die Arme führt, wie vor selbstsüchtiger Härte, die nur noch mehr verbittert; sie mufs sich wahren gegen Optimismus wie Pessimismus, vor überspannter Wissenschaftlichkeit wie schwächlichem Dilettantismus. Die Schule darf nicht durch einen sozial-politischen Katechismus die Sozialdemokratie bekämpfen wollen, der zumal in unserer Zeit das Übel vielleicht ärger machen würde; sie darf nicht glauben, dafs sie im Stande wäre, die Zuchtruthe Gottes, als welche die Sozialdemokratie gelten mufs, zu beseitigen. Denn auch die Schule trifft das, was Macaulay einmal von der Staatsgewalt sagt: Eine Staatsgewalt, welche mehr unternimmt als sie sollte, erreicht weniger, vielleicht das Gegenteil.

Dafs hiernach dem Lehrerstand, zumal dem an höheren Schulen und zu unserer Zeit, neue, aufsergewöhnlich schwierige Aufgaben gestellt sind, wird Niemand bestreiten; dafs er sich ihrer Lösung mit allen Kräften unterziehen wird, darauf vertraue ich, dafs ihm dann die Lösung gelingen wird, ist meine unerschütterliche Überzeugung.

IV. Abschnitt. Wie hat dies die Schule zu thun?

Vorerst ist hier nochmals darauf hinzuweisen, dafs die Schule keine Tendenzarbeit im gewöhnlichen Sinn zu unternehmen, sondern dafs sie auch hierin der Wahrheit und damit der Klarheit und inneren Harmonie zu dienen hat. Da kein besonderes Fach für die Verbreitung dieser Wahrheit geschaffen werden soll, so hat sich die gesamte bezügliche Unterweisung an die vorhandenen Schulfächer anzuschliefsen bzw. sich ihnen einzuordnen. Je mehr sich die Jugend dem Mündigkeitsalter nähert, desto gerader kann die Schule auf das Ziel losgehen, desto tiefer und umfassender kann sie verfahren. Die ganze Arbeit läfst sich nach den drei Gesichtspunkten des Stoffs und der Methode der Unterweisung, sowie der Erziehung ordnen.

1. Kapitel.
Der Stoff der Unterweisung.

Diejenigen Fächer, welche hier in Betracht kommen, sind: 1. Religion, 2. Deutsch, 3. Geschichte, 4. Geographie, 5. Naturwissenschaften, 6. Rechnen, 7. Fremdsprachliche Lektüre, 8. Gesang. Auf das was bereits von anderen, insbesondere Sachse, Rüstzeug des Lehrers, sowie Gemoll, Striegauer Programm 1891, ausgeführt ist, verweise ich hier ein für allemal.

Bezüglich der Religion hat der mehrfach erwähnte Allerhöchste Erlafs die besondere Aufgabe gestellt, in diesem Unterricht „die ethische Seite desselben mehr in den Vordergrund treten zu lassen, dagegen den Memorierstoff auf das Notwendige zu beschränken." (Vgl. dazu die Ausführungen des Staatsministeriums.) Der Raum verbietet mir hier im Einzelnen nachzuweisen, wie das letztere geschehen könne; dafs es aber geschehen mufs, werden nur wenig Schulmänner auch vom pädagogischen Standpunkte bezweifeln. Die ethische Seite des Religionsunterrichts erfordert meines Erachtens in unserer Zeit besondere Pflege nach 2 Richtungen, nämlich bezüglich der Pflichten gegen den Nächsten und gegen die Obrigkeit; dafs die übrigen Seiten darunter nicht leiden dürfen, bedarf keiner besonderen Versicherung, sonst würde das herauskommen, was meines Wissens

Martensen einmal „sittlichen Partikularismus" genannt hat.¹) Aber es ist unverkennbar, dafs unsere Zeit besonders in den beiden genannten Richtungen krank ist. In erster Beziehung bietet das Alte Testament sehr reichen Stoff nach allen Seiten, vgl. 2. M. 2, 13; 20, 17; 21, 14; 22, 7, 26; 3. M. 19, 13, 15—17; 24, 19; 25, 17; 5. M. 24, 10; 27, 17, 24; Hiob 6, 14, Ps. 15, 1, 3; 101, 5; Spr. 11, 9, 12, 14, 21; 24, 28; 25, 18; 29, 5; Jer. 22, 13; Sach. 8, 17; Sir. 9, 21; 28, 2; 29, 1, 11; 31, 18; sodann die Kardinalstellen im Neuen Testament Math. 5, 43; Math. 12, 31; Gal. 5, 14 (vgl. 3. M. 19, 8); ferner Röm. 13, 10; Eph. 4, 25.

Ich mufs mich hier auf die eine Bemerkung beschränken, dafs Christus in diese Frage das neue gebracht hat, dafs er die Nächstenliebe mit der Selbst- und Gottesliebe in engste Beziehung bringt und der Selbstliebe durch die Gottesliebe das nötige Gegengewicht giebt, damit die Nächstenliebe in Wirksamkeit treten kann. Weiter ausgeführt habe ich dies in der eben genannten Schrift (S. 79 ff.); dafs der Religionsunterricht sich, um alle seine Zwecke zu erreichen, vor Allem angelegen sein lassen mufs, die Person Christi in die Herzen der Jugend zu pflanzen, habe ich ebenfalls in jener Schrift, besonders S. 105 dargelegt.

In der anderen oben genannten Richtung hat der Unterricht besonders auf die Stellen hinzuweisen, in welchen der Gehorsam gegen die Obrigkeit als Christenpflicht, das „Gebet dem Kaiser, was des Kaisers ist" und das „Ehret den König", sowie die Pflicht, in Gebet, Fürbitte und Danksagung vor allem des Königs zu gedenken, eingeschärft ist: Mat. 22, 21; 1. Petri 2, 17; 1. Tim. 2 1, 2; Röm. 13, 1 ff. u. a.; überdies wird auch die Treue besonders im Neuen Testament fortwährend betont; sollte man es da für möglich halten, dafs sogar ein christlicher Theologe (Göhre) zu glauben scheint, der Christ habe den gegebenen Verhältnissen gegenüber keine Verpflichtung, keine Treue zu halten?

Die „neue Zeit" hat ihm übrigens hierauf im August 1891 schon die entsprechende Antwort durch den bekannten Sozialisten M. Schippel erteilt. Dieser fragt nämlich jenen Theologen: „Soll die protestantische Kirche mit dem Aufruhr fraternisieren und mit ihm gemeinsam gegen das Kapital vorrücken?" Schippel ant-

---

¹) Weiteres vgl. in meiner Schrift, Bibl. Psych., Biol. und Pädag. 1889, S. 114.

wortet: Nein, sondern sie mufs die alte Ordnung aufrecht erhalten. „Thut sie das nicht, fährt er dann fort, so predigt sie in einer Klassenordnung das Chaos, in dem der Sklave nicht dient und der Herr nicht herrscht, oder die Revolution, indem sie die Sklaven sich befreien und die alte Unterordnung durch neue Gleichordnung ersetzen heifst." —

Dafs und wie der Religionsunterricht weiter zu gestalten sei, habe ich anderwärts ausgeführt (vgl. d. gen. Schrift), hier sei nur noch darauf hingewiesen, dafs die obigen Ausführungen über die soziale und wirtschaftliche Gesetzgebung des Alten Testaments hier zu verwerten sind; Moormeister hat in seiner bekannten verdienstlichen Arbeit schon darauf hingewiesen,[1]) dafs in der Biblischen Geschichte die Wirtschaftsstufen aufgezeigt werden können; wie die Biologie auf Psychologie und Pädagogik insbesondere im Religionsunterricht anzuwenden sei, kann in meiner bezügl. Schrift nachgelesen werden. Hier sei nur noch die Frage der Familien- und Schulbibel erwähnt. Ich habe die Überzeugung, dafs die Herstellung einer solchen immer dringender und unaufschiebbarer wird; ohne sie kann unser Volk nicht wieder zum Bibellesen gebracht, ohne sie kann unsere Jugend nicht vor Schäden bewahrt werden, wie sie die Lektüre von nicht wenig Stellen mit sich führt und mit sich führen mufs.[2])

Wenn der deutsche Unterricht seine Schuldigkeit thun soll, dann mufs er eine andere Stellung erhalten, wie es Allerhöchst ausgesprochen ist. Nach den Befreiungskriegen wurde in Preufsen auf den unteren Stufen Latein und Deutsch in der Stundenzahl gleichgestellt, in den anderen Klassen hatte es je 4 Stunden, im ganzen 40 Stunden wöchentlich, während Latein 68, Griechisch 43 Stunden erhielt. Der „Muttersprache" gehört „der erste Platz, den sie in jeder deutschen Bildungsanstalt einnehmen mufs", hiefs es damals in der amtlichen Instruktion; 1837 aber wurden dem Deutschen 18 Stunden genommen und dem Latein zugelegt.

Ferner müssen die Lesebücher anders eingerichtet werden; sie dürfen nicht ein Potpourri enthalten, sondern haben das zu bieten, was der deutsche Unterricht vor Allem leisten soll: Kenntnis von deutschem Sprach- und Volkstum, Dialekt und Heimatkunde nicht

---

[1]) Moormeister, Das wirtschaftliche Leben etc. S. 15 ff.
[2]) Vgl. Zeitschrift für den evang. Religionsunterricht 1891, S. 315 ff.

zu vergessen; die neuen französischen und englischen Lesebücher von Kühn sowie von Vietor und Dörr führen diesen Grundsatz auf ihrem Gebiet mit Geschick und Erfolg durch, weshalb sollte dies in der Muttersprache nicht entsprechend geschehen können?

Es wäre dringend zu wünschen, dafs die reichlichen Vorarbeiten einmal zusammengefafst würden zu einem kleinen Handbuch, das dem Lehrer des Deutschen einen so festen Halt gebe wie das treffliche Büchlein von Weise dem des Lateinischen.

Nicht minder wäre zu wünschen, dafs das Mittelhochdeutsche eine feste Stellung im Unterrichte erhielte, wie sie der neue württembergische Lehrplan bestimmt; nur darf man weder dies noch das Hochdeutsche „als ein anderes Latein" behandeln, wie Hildebrand dies ausdrückt.

Notwendig ist es ferner, dafs weit mehr als seither durch Synonymik und Etymologie die Begriffe scharf gefafst und ihre Wertung im Wort scharf genommen wird; denn die Zerfahrenheit, welche unser ganzes Leben und Wissen bezeichnet, eignet auch unserer Sprachbehandlung; daher so viel Mifsverständnisse, ärgerliche Irrtümer und Mifsgriffe. Wer über ein Vierteljahrhundert diesen Unterricht gehabt und im Leben gestanden hat, kennt diesen beklagenswerten Zustand, dessen man freilich nicht Meister wird durch einige konfuse Schriften (Fiebig), sondern durch Schularbeit und Selbstzucht. Es scheint ganz vergessen zu sein, dafs Ehe und Ewig denselben Grundbegriff haben, dafs Trauung mit Trauen, Vertrauen bzw. Treue eines Stammes ist; so achte man auf die vielen anderen Begriffe und Worte, die heute so vergriffen sind, dafs man ihre Prägung nicht mehr erkennen kann. Wer ist z. B. nach heutigen Begriffen ein Arbeitgeber? Derjenige, welcher die Arbeit desjenigen nimmt, der sie für ihn geleistet hat. Der „Arbeitgeber" giebt nicht die Arbeit, sondern die Gelegenheit zu derselben; die Arbeit giebt der, der sie leistet; wie der Examinator nicht die Arbeit giebt, sondern die Aufgabe; von den Thorheiten der gewöhnlichsten Tagesausdrücke ganz zu schweigen.

Der deutsche Unterricht hat das überreiche Material, das für deutsches Sprach- und Volkstum vorhanden ist, stufenweise und methodisch in einem Lesebuch geordnet, stufenweise und methodisch dem Schüler zu übermitteln und zu eigen zu machen.

Unter die Märchen ist das vom Schlaraffenland aufzunehmen (vgl. oben), auch Robinsonaden sind von Bedeutung, das „Riesenspielzeug" giebt Gelegenheit die Bedeutung des Bauernstandes hervorzuheben; das Gedicht vom „Bäumlein etc." und vom „Büblein etc." kann grundlegend verwertet werden, auch Seume's „Der Wilde". Von ganz besonderer Bedeutung sind vor allem die sog. kulturhistorischen Gedichte Schiller's: Das Eleusische Fest, Der Spaziergang und Die Glocke; auch Göthe's Hermann und Dorothea läfst sich mit Erfolg hier anschliefsen. Die „Germania" des Tacitus mufs in guter Bearbeitung stufenweise im deutschen Unterricht dem Schüler zugeführt und in der obersten Klasse durch Lektüre im Original befestigt und vertieft werden, damit unsere Jugend in den verjüngenden Strom germanischen Volkstums getaucht werden und in ihrem Herzen die Kleinode desselben heraufführen kann: Einfachheit, Keuschheit, Heimat- und Vaterlandsliebe, Würde der Frauen, Treue, Manneskraft und Wahrhaftigkeit. Unsere Jugend mufs Jordan's Nibelungen systematisch lesen, freilich müssen diese vorher von manchen Schlacken befreit werden (z. B. von dem zuweilen brutalen Hervortreten der geschlechtlichen Zuchtwahl).

Diese wenigen Andeutungen müssen vorerst hier genügen.[1]) — Für den Unterricht in der Geschichte hat der Allerhöchste Erlafs folgende Weisungen erteilt: „Sie (die Schule) mufs die neue und neueste Zeitgeschichte mehr als bisher in den Kreis der Unterrichtsgegenstände ziehen und nachweisen, dafs die Staatsgewalt allein dem Einzelnen seine Familie, seine Freiheit, seine Rechte schützen kann, und der Jugend zum Bewufstsein bringen, wie Preufsens Könige bemüht gewesen sind, in fortschreitender Entwicklung die Lebensbedingungen der Arbeiter zu heben, von den gesetzlichen Reformen Friedrichs des Grofsen und von Aufhebung der Leibeigenschaft an bis heute. Sie mufs ferner durch statistische Thatsachen nachweisen, wie wesentlich und wie konstant in diesem Jahrhundert die Lohn- und Lebensverhältnisse der Arbeitenden unter diesem monarchischen Schutze sich verbessert haben." (Für das letztere würde, um dies gleich hier zu bemerken, vom statistischen Amt noch das nötige Material in populärer Bearbeitung der Schule zugänglich zu machen sein.) Ferner ordnet der Erlafs an: „Die vaterländische Geschichte wird insonderheit auch die Geschichte unserer sozialen und wirtschaftlichen Gesetzgebung und Entwicklung seit dem Beginne dieses Jahr-

---

[1]) Sehr beachtenswert sind die Aufsätze von Münch, Sammelband, Berlin Gärtner 1890, die auch beachtenswert für Religions- und neusprachl. Unterricht sind.

hunderts bis zu der gegenwärtigen sozialpolitischen Gesetzgebung zu behandeln haben, um zu zeigen, wie die Monarchen Preufsens es von jeher als ihre besondere Aufgabe betrachtet haben, der auf die Arbeit ihrer Hände angewiesenen Bevölkerung den landesväterlichen Schutz angedeihen zu lassen und ihr leibliches und geistiges Wohl zu heben, und wie auch in Zukunft die Arbeiter Gerechtigkeit und Sicherheit ihres Erwerbs nur unter dem Schutze und der Fürsorge des Königs an der Spitze des geordneten Staats zu erwarten haben. Insbesondere vom Standpunkt der Nützlichkeit, durch Darlegung einschlagender praktischer Verhältnisse, wird schon der Jugend klar gemacht werden können, dafs ein geordnetes Staatswesen mit einer sicheren monarchischen Leitung die unerläfsliche Vorbedingung für den Schutz und das Gedeihen des Einzelnen in seiner rechtlichen und wirtschaftlichen Existenz ist, dafs dagegen die Lehren der Sozialdemokratie praktisch nicht ausführbar sind, und wenn sie es wären, die Freiheit des Einzelnen bis in seine Häuslichkeit hinein einem unerträglichen Zwange unterworfen würde. Die angeblichen Ideale der Sozialisten sind durch deren eigne Erklärung hinreichend gekennzeichnet, um den Gefühlen und dem praktischen Sinn auch der Jugend als abschreckend geschildert werden zu können." (Vgl. dazu die Ausführungsbestimmungen des Staatsministeriums vom 27./7. 89, Allerhöchst genehmigt am 30./8. 89. Centralblatt 1890, S. 708 f.)

Indem ich mich auf meine obigen Ausführungen dieserhalb beziehe, sowie auf die angegebene Litteratur, die nur das Notdürftigste bringt, würde die Lösung der gestellten Aufgaben in dem Geschichtsunterricht etwa folgendermafsen anzubahnen sein.

Wie in England schon seit längerer Zeit die politische Schulung der Nation schon auf der Schulbank in der Weise betrieben wird, dafs diese Propädeutik wesentlich durch die antike Geschichte und die Englands seit 1688 geboten wird, so kann dies in der Hauptsache auch in Deutschland geschehen, um den Grund zu einem national-politischen Gewissen zu legen. Wenn hierfür ein sozialpolitischer Katechismus eingeführt werden sollte, wie z. B. Schmidt-Warneck vorschlägt[1]), so, fürchte ich, würde in Deutschland ein schwer zu schlichtender Streit über das entstehen, was in denselben zu setzen wäre, bzw. ob das was hineingesetzt wäre, entsprechend sei.

---

[1]) Die Notwendigkeit einer sozialpol. Propädeutik, 2. Aufl., Berl. 85; sehr zum Studium zu empfehlen, wie seine anderen Arbeiten; vgl. auch Dörpfeld „die Gesellschaftskunde etc." und „Repetitorium der Gesellschaftskunde".

Unsere Zeit der Verwirrung würde hierfür am wenigsten taugen. Sowie die Regierung allmählich mehr Vertrauen gewinnt, die auf das verweisen kann, was sie gethan hat; wie jede Erkenntnis im Grund auf Vertrauensakten, als Reaktionen der Anschauung beruht; wie der Frage: Was kann aus Nazareth Gutes kommen? die Antwort folgen mufs: Komm und sieh! so kann auch für jetzt und in Deutschland der Unterricht, zumal der soz.-propädeutische, nur von diesem Anschauungsboden aus sein Ziel erreichen. Die geschichtliche Anschauung zeigt unwiderleglich und führt diese Einsicht in Fleisch und Blut über, dafs kein Staat ohne eine tüchtige Zentralgewalt bestehen kann; (Mad. de Staël sagt (Mem. I, 404)· deshalb mit Recht: „Ein Volk entartet, wenn man es gewöhnt, die von ihm anerkannte Obrigkeit nicht zu achten"); diese Anschauung zeigt, dafs nicht jedes für Alle pafst, dafs Verfassungen, Regierungsformen etc. nur dann etwas taugen, wenn sie der Eigenart eines Volkes entwachsen sind und ihr demgemäfs entsprechen; sie zeigt, dafs jede Republik schneller in Degeneration kommt, als der schlechteste Absolutismus, dafs aber eine Republik nur unter ganz besonderen Vorbedingungen gedeihen kann, dafs kein Absolutismus auf die Dauer haltbar ist, sondern dafs nur ein konstitutionelles Königtum Dauer verspricht, zumal in Deutschland und dessen führendem Staat. Namentlich zeigt die preufsische Geschichte, dafs keine soziale Reform, die dauerhaft und erfolgreich sein soll, ohne das Königtum möglich ist; sie zeigt, dafs nur ein starkes Königtum, das über den Parteien steht, über deren Köpfe hinaus Reformen durchsetzen kann, wie es in einem vom Parlament beherrschten Staat, der eben von Parteien geleitet wird, nicht möglich ist. Die Geschichte zeigt gerade in ihren erhebendsten Partieen, man denke nur an die Befreiungskriege, dafs es nicht die materiellen Interessen, nicht materielle Ziele sind, welche in grofsen Völkerkämpfen die entscheidenden Hebel bieten, wie die Pseudowissenschaft der Sozialdemokratie dies behauptet.

In der antiken Geschichte kann bei dem Gleichnis des Menenius Agrippa gezeigt werden, dafs der Staat ein Organismus ist und dazu kann die Schule, die Familie als Vergleichungsbeispiel herangezogen und gezeigt werden, dafs all dies nicht bestehen kann ohne Haupt, ohne Pflichterfüllung des Hauptes und aller Glieder, und dafs je gewissenhafter Jeder das Seine thut, es desto besser mit dem Ganzen bestellt ist: Ein jeder kehr vor seiner Thür, so werden alle

Gassen rein! Die Organisation der Staaten ist an den antiken Verfassungen und durch ihre Vergleichung unter einander zur Anschauung zu bringen; die Verfassungen, ihre Reformen und Entartungen, der Mifsbrauch der öffentlichen Gewalt durch die herrschenden Stände, bzw. Parteien, die sozial-politischen Kämpfe in Rom, der Bankerott der Republik und die Geschichte des Kaiserreichs bieten eine unerschöpfliche Fundgrube des zu Lehrenden.[1]) Die ganze antike Geschichte lehrt, dafs das Altertum weder einen unserer Auffassung entsprechenden Begriff von Repräsentativstaat hatte, noch Begriffe wie Menschheit und Nationen als ihren organischen Gliedern u. s. w. (vgl. oben).

Bei der Urgeschichte der Germanen ist deren Charakteristik nach Tacitus und den Hilfsmitteln des deutschen Unterrichts zusammenzufassen; der I. Band von Lamprechts Geschichte hat einzelne Partieen, die besonders zweckmäfsig sind, z. B. die das „Mutterrecht" betreffenden, womit man die bekannten Bebel'schen „Ideale", die nur die schlimmste Rückbildung sind, in die erforderliche geschichtliche Beleuchtung setzen kann. Die spezifisch christliche Einwirkung ist leicht nach Uhlhorns bekannten Werken nachzuweisen. Bei der Geschichte des fränkischen Reichs und Karls des Grofsen, der Erläuterung der Eigentümlichkeiten des Lehensstaates, der politischen Stellung der Kirche ist Stoff überreich zur bezüglichen Verwertung und eine reiche Litteratur geboten; die Eigenart des Kreuzzugszeitalters bietet dar Prutz in seiner Kulturgeschichte der Kreuzzüge, die Uebergangszeit von der Hohenstaufenzeit bis ins Reformationszeitalter habe ich in allen wichtigen Punkten knapp zusammengefafst. Hierfür wie für die Folge sind die beiden Bände von Sach sehr empfehlenswert, auch zu Vorträgen seitens der Schüler, jedenfalls den bekannten Bildern Freytags für diesen Zweck weit vorzuziehen. Eine Betrachtung über die Folgen des 30jährigen Krieges ist so erschütternd wie belehrend.

Wichtiges Material zur genannten Propädeutik bietet Cromwells nationale Handels- und Wirtschaftspolitik (Navigationsakte) und die Thätigkeit Colberts; das Übungsbuch von Herbst bietet hier viele Anhaltspunkte, unterläfst aber darauf hinzuweisen, dafs Colbert auch die Binnenzölle in Frankreich abgeschafft und zuerst

---

[1]) Das von Moormeister zusammengestellte Material läfst sich zum gröfsten Teil an den bezüglichen Zeitstellen unterbringen. Für die römische Geschichte sind von grofser Bedeutung die Discorsi des Machiavelli.

thatsächlich die Idee von einem nationalen Wirtschaftsganzen zu verwirklichen gesucht hat, welches dem nationalen Staatskörper erst die Nahrung zuführt; es kann hier schon angedeutet werden, dafs dies in Deutschland erst durch den Zollverein und das Reichszollgesetz von 1879 in Wirksamkeit gesetzt worden ist; hierbei ist es unbedingt nötig, darauf hinzuweisen, dass die Zölle als Grenzsteuern ein Akt der Gerechtigkeit gegen die inländischen Produzenten, als Schutzzölle für Industrie und Landwirtschaft in bedrängten Zeiten — und in denen leben wir — unbedingt erforderlich sind; es ist namentlich die Geschichte des römischen Bauernstandes, welche gleich belehrend wie abschreckend wirken mufs. Bei Colbert ist dann die Einseitigkeit des Merkantil=physiokratischen= und Industriesystems aufzuzeichnen, indem alle drei nur je eine Seite (Handelsgewinn, Bodenkraft, Arbeit) der Volkswirtschaft nach Menschenart hervorheben, anstatt alle drei. Bei der Geschichte Karls II. Stuart ist nach Green und Macaulay zu zeigen, wie das Jahr 1660 das Geburtsjahr des modernen Englands ist, wie Franz Bacon, die „neue Wissenschaft," gelehrt hat, welche nicht blofs Erfahrungswissenschaft ist und auf der Induktion beruht — die kannte Aristoteles schon —, sondern welche dieser wissenschaftlichen Thätigkeit durch das Ziel, das sie ihr setzte, nämlich das Wohl der Menschheit, eine solche Wucht der Verantwortung auflegte, dafs man weder in leicht geflügelte Spekulation verfiel, noch sich zu der modernen Verkehrtheit verstieg, welche Erfahrungs- mit absolutem Wissen verwechselt. Die Vertreibung der Stuarts, die declaration of rights geben Gelegenheit, das Wesen des Parlamentarismus — im Gegensatz zum konstitutionellen Königtum — zu veranschaulichen, dem das Haus Hannover alsbald den schwersten Tribut zu zahlen hatte.[1)]

Indem man den spanischen und französischen Absolutismus mit dem der Hohenzollern vergleicht und zeigt, dafs beide so verschieden sind wie starre Selbstsucht und hingebende Selbstlosigkeit, kommt der Geschichtslehrer zu seiner erfreulichsten Thätigkeit in jenen Zeiten, zu den Hohenzollernhelden: dem grofsen Kurfürsten, Friedrich Wilhelm I., dem grofsen König, den drei gewaltigen Baumeistern und Bauherrn des preufsischen Staates. Hier fehlt leider der Raum, auch nur die hinreichenden Andeutungen zu geben, die mir aller-

---

[1)] Vgl. die einschlägigen Werke von Gneist, L. Bucher und Todd.

dings um so weniger nötig erscheinen, als schon die Nennung jener Namen für einen preufsischen Geschichtslehrer impulsiv ist. Die geradezu unerschöpfliche Fundgrube aber für die sozialpolitische Propädeutik ist die französische Revolution sowohl für die rein politische, wie für die soziale und wirtschaftliche Seite derselben. Dieses Kapitel ist nach Taine in den Lehrbüchern ganz umzuarbeiten und die Geschichte der Koalitionskriege entsprechend zu kürzen. Der Einwand, dafs jenes für Schüler zu schwer werde, ist hinfällig, wie ich aus jahrelanger Praxis erfahren habe. Vergessen darf aber auch in jener Zeit der Ausgang Polens nicht werden, denn er ist ganz besonders lehrreich. Für Napoleon I. ist ganz besonders Lanfrey und der neueste Band von Taine zu benutzen, damit der noch immer weit verbreiteten legendaren Darstellung Thiers' die dringend nötige Einschränkung gegeben werden kann.

Wenn der Unterricht sich dann dem Sturz und der Wiedergeburt Preufsens zuwendet, dann betritt er den Boden, auf dem wir heute stehen, und da ist es nicht allein gethan mit dem Pathos der Darstellung; zumal die der Wiedergeburt — in dem Hilfsbuch von Herbst wieder ganz unzureichend — bedarf besonders der Schlichtheit und klaren Ruhe, sonst wird Verwirrung angerichtet. Sehr praktische Hilfsmittel sind Götte, „Das Zeitalter der deutschen Erhebung" (1891), sowie die bekannten Werke von Treitschke und Seeley. Insbesondere mufs der Geschichtslehrer sich von dem hergebrachten Mischmasch der sogenannten Stein-Hardenbergschen Reformen hüten, die man in dieser Weise nie so hätte zusammenkoppeln sollen, da sie ganz disparate Dinge enthalten.[1]) Die von Stein bekämpfte Gleichstellung des Grundkapitals mit dem Geldkapital kann in wenigen Sätzen dem Schüler als verderblich für die Landwirtschaft, die ebenfalls von ihm bekämpfte uneingeschränkte Gewerbefreiheit — die nur tabula rasa machte und nichts an die Stelle setzte — als verderblich für das Kleingewerbe verständlich gemacht werden. (Reiches Material bietet hierfür Schmoller, „zur Gesch. der Kleingewerbe im 19. Jahrh.," 1870.)

Die Geschichte Deutschlands in der Zeit des Bundes bietet die reichste Gelegenheit, auf alle Gebiete des deutschen Staatslebens einzuführen, wie ich in meiner aktenmäfsigen Darstellung der Bundes-

---

[1]) Auch hierfür thut aufser Götte sehr gute Dienste das viel zu wenig bekannte, knapp und klar geschriebene Buch von Eisenhart, „Geschichte der Nationalökonomik" (1881).

tagsgeschichte in 8 Büchern mit überreichem Material dargelegt habe. (Nation und Bundestag, 1880).

Die Begründung des Norddeutschen Bundes und des Reichs, sowie die Darstellung der Reichsverfassung, die Geschichte der umfassenden Gesetzgebung des Reichs auf fast allen Gebieten des öffentlichen Lebens, in dessen Mittelpunkt das unvergefsliche Bild unseres heimgegangenen ersten Hohenzoller'schen Heldenkaisers steht, bietet unerschöpflichen wie unersetzbaren Stoff für diese Propädeutik. Dem Einwand, dafs weder Zeit noch Verständnis ausreichend in der Schule vorhanden seien, kann ich dadurch begegnen, dafs ich seither — ohne Beschränkung des vorgeschriebenen Lehrstoffs —, die Erzählung bzw. Besprechung der deutschen Geschichte bis zur unmittelbarsten Gegenwart, zuletzt bis zur Verabschiedung des Altersversorgungs- und Invalidengesetzes, fortgeführt[1]) und im Abiturientenexamen geprüft habe. Wie ich dies angegriffen habe, mag der folgende Entwurf zeigen, den ich dem bezüglichen Unterricht zu Grunde gelegt habe.

Übersicht über die deutsche Geschichte seit der Begründung des Reiches.

Nachdem in einem Vergleich zwischen dem „deutschen Bund" und dem deutschen Reich, der Unterschied zwischen Staatenbund und Bundesstaat gezeigt und das Reich als letzterer gekennzeichnet ist (Schweiz, Vereinigte Staaten), wird eine kurze Übersicht über die wichtigsten Bestimmungen der Reichsverfassung gegeben.

Beim Beginn der Geschichte des Reiches selber wird darauf hingewiesen, dafs dieselbe hinsichtlich der inneren Politik wesentlich durch 2 Fragen: die katholisch-kirchliche (sogenannter Kulturkampf) und die soziale; hinsichtlich der äufseren wesentlich durch die franz. Revanchepolitik beherrscht wird. Die Kolonialpolitik spielt zwischen und in beide Gebiete hinein.

Das Prinzip des „Kulturkampfes" läfst sich geschichtlich bis in die Anfänge des Investiturstreites, bzw. zu den Grundsätzen Gregors VII zurückführen; diese Frage ist wie alle hochpolitischen Fragen keine Rechts- sondern eine Machtfrage. (Erklärung dieses Unterschiedes.)

---

[1]) Wie eine Verf. des Prov.-Schulkoll. v. 7./5. 1889 für die Provinz Hessen-Nassau festgesetzt hat.

Die brandenburg-preufsische Kirchenpolitik war allezeit tolerierend, wenn auch durchweg mit evangelischem Gepräge (Friedrich der Grofse). Nach den Befreiungskriegen war es besonders Preufsen, welches die Retablierung der katholischen Kirche auch in seinem Bereich durchsetzte; dann wird der Streit wegen der Mischehen am Ende der 30er Jahre kurz berührt. Friedrich Wilhelm IV. hat diesen in seiner grofsmütigen Weise nicht blofs beigelegt, sondern auch eine katholische Abteilung im Kultusministerium eingerichtet (1841), nur wurde keine Vorsorge getroffen, dafs die Bischofsstühle und die Ratsstellen bei der letzteren nicht mit Vertretern der extremkirchlichen Richtung besetzt wurden. (Verschiedene Richtungen und Strömungen sind geschichtlich nachzuweisen.) Diese extreme Partei, öfter als ultramontane, jesuitische Partei bezeichnet, zu welcher Papst Pius immer mehr neigte, setzte dann die Unfehlbarkeitserklärung am 18./7. 1870 unter sehr bemerkenswerten Umständen durch. Preufsen hatte sich auch hierbei streng zuwartend verhalten (dagegen Hohenlohe und Arnim). Wie die Niederlage Österreichs, so brachte in erhöhtem Mafse die Frankreichs in strengkatholischen Kreisen wie im Vatikan starke Erregung hervor, und diese wuchs mit dem Anschwellen der nationalen Bewegung in Italien.

Unmittelbar nach Sedan wandte sich diesbezüglich der Papst an König Wilhelm um Hilfe. Am 20./9. rückten die italienischen Truppen in Rom ein, im November erschien Ledochowski im deutschen Hauptquartier, um das eben durch die Verträge mit den süddeutschen Staaten gegründete Reich gegen Italien zum Bundesgenossen zu gewinnen. Indess erforderte schon die Kriegslage eine Ablehnung jener Anträge. Um diese Preufsen bezw. dem Reiche aufzunötigen, bildete sich allem Anschein nach die Partei des Zentrums, Januar 1871, welche alsbald den König um Wiederherstellung des Kirchenstaats bat (18./2. 1871). Bei der Eröffnung des ersten deutschen Reichstags (21./3. 1871) wurde jede Einmischung in die italienischen Angelegenheiten deutlich genug abgelehnt.

Mittlerweile hatte die sog. altkatholische Bewegung begonnen; auch zu dieser verhielt sich Preufsen — es war noch während des Kriegs — völlig zuwartend, auch als die Bischöfe auf diesem Gebiete eingriffen. Dieses geschah zunächst dadurch, dafs der Fürstbischof von Breslau vom Kultusminister von Mühler amtliches Einschreiten gegen Direktor und Lehrerkollegium des katholischen

Gymnasiums zu Breslau verlangte, weil diese sich öffentlich gegen die Unfehlbarkeit ausgesprochen hatten; dies lehnte der Minister am 19./1. 1871 ab. Als dann aber der Bischof von Ermeland den altkatholischen Religionslehrer Wollmann in Braunsberg nicht blofs mit der grofsen Exkommunikation belegte, sondern auch seiner staatlich garantierten Stelle enthob (5./7. 1876), wurde die katholische Abteilung im Kultusministerium aufgehoben (8./7) und die Altkatholiken in ihren Stellungen geschützt. Als in dem nun folgenden Kampf der Streit auch auf die Kanzeln gebracht wurde, kam es zum sog. Kanzelparagraphen (28./11.). Da der Kampfstrom immer stärker anschwoll, und namentlich die polnische Propaganda ein gefährliches Aussehen bekam, wurde Anfang 1872 ein Schulaufsichtsgesetz vorgelegt, welches die Geistlichen in der Schulaufsicht erheblich einschränkte. Der preufsische Landtag war in sehr grofser Mehrheit für dasselbe, meinte aber zur Durchführung derselben sei ein anderer Minister erforderlich, so wurde Falk im Januar 1872 berufen.

Verschärft wurde nun der Kampf durch das Eingreifen des Papstes: Der Kardinal Hohenlohe als deutscher Botschafter beim Vatikan, wo er eine Vermittlung herbeiführen sollte, wurde abgelehnt (2./5. 1872), von anderem zu schweigen.

Im Juli 1873 wurden die Jesuiten ausgewiesen und das folgende Jahr brachte die eigentlichen Kampfgesetze, die sog. Maigesetze, welche zum Teil Unkenntnis katholischen Volks und Wesens verraten, zum Teil in die kirchliche Praxis eingreifen, zum Teil den ausführenden, meist unteren Organen der Anlafs wurde zu Mafsnahmen, die der Gesetzgeber wohl niemals beabsichtigt hatte. Der Brief des Papstes an den König vom 7./8. 1873 verschärfte den Konflikt noch weiter. Das Jahr 1874 brachte die Absetzung der Erzbischöfe von Posen und Köln, Einführung der obligatorischen Civilehe, neues Kampfgesetz gegen unbefugte Amtsausübung, das Attentat auf Bismarck in Kissingen (13./7.). Immer höher gingen die Wogen. Als der Papst die Mai- etc. Gesetze für ungiltig erklärte (5./2. 1875), folgten Sperr- und Klostergesetze, sowie die Aufhebung der Paragraphen 15, 16, 17 der preufsischen Verfassung. Bis auf drei wurden allmählich alle Bischöfe abgesetzt und sehr viele Geistliche gesperrt. Da starb Anfang 1878 Papst Pius, und sein Nachfolger wurde der friedliche Leo XIII. (2./2.); es folgten die Attentate auf den König (11./5., 2./6.) und der versöhnliche Brief des

Papstes, den der Kronprinz beantwortete. Die Mifsgriffe in den Maigesetzen, zumal in deren Handhabung, die auch die evangelische Kirche und die evangelischen Geistlichen getroffen hatten und weiter trafen; der Unmut der Gemäfsigten, noch weiter gesteigert durch die Wirkungen der „liberalen" Gesetzgebung (unbedingte Freizügigkeit und Gewerbefreiheit, Milde des Strafgesetzes); die Unkirchlichkeit und Irreligiosität der Massen, die zusehends wuchs; (der Antisemitismus wollte sich dem „Wachsen des jüdischen Einflusses", die christlich-soziale Partei vor allem dem herrschenden „Manchestertum" entgegen setzen); das Anwachsen der Sozialdemokratie, die Verschlechterung der auswärtigen Lage, beschleunigten den Umschwung der Politik. Die beiden letzten Punkte: Sozialdemokratie und auswärtige Politik bedürfen deshalb einer kurzen Betrachtung.

Die Darlegung über erstere ist im wesentlichen nach obigen Darlegungen gegeben und sodann darauf aufmerksam gemacht worden, dafs die Zurückdrängung der Religion und Kirche, die Arbeit des radikalen Liberalismus, die verkehrte Parteibildung, der Fraktionspatriotismus, der Mammonismus etc. (der „grofse Krach" von 1873 veranlafste allein den Verlust von 2 Milliarden an Schwindelpapieren an der Berliner Börse) die Lage unermesslich verschimmert hatten.

Zunächst wurde nach den Attentaten das Sozialistengesetz (19./10. 1878) gegeben; auf die Reichsjustizgesetze folgten das Reichszollgesetz Juli 1879 (Bedeutung für Industrie und Landwirtschaft), das Wuchergesetz (1880), Hebung der Verkehrswege (29./2. 1880 der Gotthardt durchstochen), der Kölner Dom vollendet.

Nachdem Mac Mahon durch einen Staatsstreich die Republik in einer klerikal-monarchischen Restauration hatte verschwinden lassen wollen, die Sucht nach einem Bundesgenossen zur Kühlung der Revanchelust immer deutlicher hervorgetreten war, und eine weitere Annäherung zwischen Deutschland und Italien stattgefunden hatte, hatten die Unruhen auf der Balkanhalbinsel zum russisch-türkischen Krieg und dieser zum Frieden von San Stefano am 3./3. 1878 geführt. Da die Engländer diesen in erster Linie anfochten und der russische Reichskanzler Gortschakoff in seiner eitlen Kurzsichtigkeit russische Interessen selbst in dem Berliner Frieden preisgab (Juli 1878), so wufste er, namentlich durch die russisch-französische Presse, den deutschen Reichskanzler als die Ursache alles Übels hinzustellen. Mit dieser Gefahr des russisch-französischen Bündnisses wuchs das Bedürfnis nach einem Gegenbündnis und innerem Frieden und beides führte auf denselben Punkt: Beseitigung des Kulturkampfes und Inangriffnahme der sozialen Frage; Falk fiel, der Reichskanzler verhandelte mit Masella (Juli 1878), das deutsch-österreichische Bündnis wurde abgeschlossen (Herbst 1879), nachdem im Januar desselben Jahres (1879) Grévy Präsident der französischen Republik geworden war. Die nihilistischen Mordanschläge gegen die regierenden Häupter mehrten sich; Alexander II. wurde ermordet, 13./3. 1881; die kirchengesetzlichen Milderungen begannen, die Kaiserliche Botschaft vom 17. November 1881 stellte das grofse sozialpolitische Programm auf, dessen stufenweise Durchführung in dem Krankenkassengesetz von 1883, dem Unfallversicherungsgesetz von 1884, dem Altersversorgungs- und Invalidengesetz von 1889 allmählich erfolgt ist; ferner wurde der Hausierhandel beschränkt (1883), das Lehrlingswesen besser geordnet, die Bildung von Innungen gefördert; Ende 1884 waren nahezu alle Bistümer wieder besetzt. Eine weitere Annäherung zwischen Papst und Kaiser wurde durch das Schiedsrichteramt in der Karolinenfrage (September 1885) erzielt; nach langwierigen Verhandlungen und gesetzgeberischen Mafsnahmen wurde durch gegenseitiges Nachgeben der sogenannte Kulturkampf durch einen Vergleich beendigt (etwa Ende 1887): die katholische Abteilung blieb beseitigt, das Schulaufsichtsgesetz, die Civilehe, die Aufhebung der Verfassungsparagraphen bestehen.

Mittlerweile war die aufserordentlich segensreiche Verstaatlichung der Eisenbahnen erfolgt, die Erwerbung der Kolonien (Angra-Pequenna, Kamerun und die meisten australischen Besitzungen 1884, Marschallinseln und Ostafrika 1885) hatte begonnen; ein neues Militärgesetz hatte das Septennat gesichert (1887), der Nordostseekanal war begonnen, das Deutsch-österreichisch-italienische Bündnis wurde förmlich abgeschlossen, die Wehrhaftmachung unseres Vaterlandes durch das Landwehr- und Landsturmgesetz vom 8./2. 1888 von neuem erweitert und gestärkt; da kamen die schweren Schläge vom 9. März und 15. Juni 1888.

Mittlerweile hatte der sozialistische Kampf in erhöhtem Mafse fortgedauert und zu fortgesetzten Gegenmafsnahmen veranlafst. In jenem Kampfe stehen wir noch; er ist in ein gefährlicheres Stadium getreten und die russisch-französische Allianz ist näher gerückt. Aber Deutschland braucht nichts zu fürchten, wenn es einig ist, es wird der Welt von neuem seine Widerstandskraft beweisen unter der

Führung seines Kaisers, aber auch nur dann, wenn es einig und treu ist; wenn es den Parteihader dämpft und den Patriotismus lodern läfst. — Bezüglich der Behandlung der Geographie, in welcher wie in Deutsch und Geschichte die Heimatskunde besonders zu pflegen ist, verweise ich auf Sachse und Gemoll, desgl. bezüglich des Gesangs; musterhaft ist, was Sachse bezüglich des Rechnens bereits vorgetragen hat (S. 151 ff., 175 ff.); auch für die Naturwissenschaften bringt er Beachtenswertes bei (S. 187 f.). Dies ist wesentlich zu erweitern durch meine obigen Darlegungen; namentlich kann seitens der Biologie ganz erhebliches für die sozialpolitische Propädeutik geleistet werden, nur darf der bezügliche Unterricht nicht in der Morphologie stecken bleiben, wie das heute noch die Regel ist.

Zur fremdsprachlichen Lektüre nur einige Bemerkungen. Hierfür sind neuerdings treffliche Arbeiten von Schulmännern veröffentlicht worden, auf die ich hier verweise, indem ich sie der besonderen Beachtung aller Amtsgenossen dringend empfehle; es sind besonders: H. Geist, „Was bieten die antiken Historiker der modernen Jugend?" (Progr. des Posener Realgymnas. 1891), ferner die schon früher genannte vortreffliche Schrift von Weise, sowie die Einleitung zur Auswahl der philosophischen Schriften Ciceros von Weiszenfels. Ich habe es schon anderwärts ausgeführt, dafs die sog. philosophische Propädeutik — und diese ist eine wesentliche Ergänzung der sozialpolitischen — in der Schule nur wirksam sein kann, wenn sie auf die Lektüre gebaut wird; hierfür bieten aufser Cicero die Memorabilien des Xenophon, sowie die Dialoge — nicht die grofsen (aufser etwa Protagoras) — Plato's das geeignetste Material, besonders Laches und Eutyphron kommen hier in Betracht. Nachdem die leichteren Abschnitte der Memorabilien über die Dankbarkeit der Kinder (II, 2 § 6 fin. bis Ende des Kap.), die Bruderliebe (II, 3), die Körperpflege (III, 12), die Erziehungsbedürftigkeit des Menschen (IV § 3 bis Ende des Kap.) gelesen sind, läfst man die Beispiele sokratischer Dialektik (IV, 6), sowie die Abschnitte über die Selbsterkenntnis (IV, 2), über die Gerechtigkeit (IV, 4 bis § 20), über die göttliche Fürsorge (IV, 3) und zuletzt das schwierigere Stück über die Selbstbeherrschung (IV, 5) lesen. Namentlich darf bei der Besprechung der bezüglichen Stücke nicht unterlassen werden, auf die Überschätzung des Wissens hinzuweisen, der auch Sokrates unterworfen war. (Im deutschen Unterricht ist namentlich Lessing's Laokoon und Dramaturgie für diesen Zweck zu verwerten, sowie die kleineren Abhandlungen über Fabel und Epigramm.)

Ganz besonders aber sind es die Tragiker, welche von seiten der antiken Lektüre die ethische Bildung und Vertiefung fördern können. Seit der Verdeutschung (nebst Einleitung) des Aeschylus durch Todt ist dieser hellenische Jesaias, wenn man so sagen darf, auch in den Bereich des Schulverständnisses gerückt. Klingt es nicht wie eine messianische Stimme aus der antiken Welt, wenn es im Prometheus V. 1025 ff. (die Todt'sche Verdeutschung ist mir leider nicht zur Hand) heifst:

> Nur hoffe Rettung nicht aus dieser Not,
> Wo nicht ein Gott als deiner Qual Vertreter
> Erscheint, für dich hinabzusteigen willig
> Zur Hadesnacht, zum düstern Tartarus!

Hier will ich nur noch die hellenische Lehre von der Hybris und der Nemesis erwähnen, die ganz besonders aus den Tragikern, aber auch aus den grofsen Historikern in gewaltigen Bildern emporsteigt. Nur darf man sie nicht zu der gewöhnlichen Lehre vom „Neide der Götter" verflachen. Die Gottheit hat den Menschen gewisse Grenzen gesteckt, wer sie überschreitet, macht sich der Hybris schuldig und fordert die Nemesis heraus. Wie läfst sich auch aus dieser Anschauung heraus die Selbstüberhebung, die selbstische Verblendung als die Unheilsquelle erkennen, aus der unablässig das menschliche Herz sich selbst zermartert und zermalmt!

Und wie läfst sich in der Lektüre Shakespeare's die Erkenntnis und verheerende Entwicklung der menschlichen Leidenschaften gewinnen und verstehen, von Macbeth, dem tragischen Lehrbuch über das Gewissen bis zu Richard III., dem tragischen Lehrbuch der Herrschsucht.[1]

Unmittelbar für die sozial-politische Propädeutik sind nicht wenige neusprachliche Schriftsteller zu verwerten, die nur noch nicht ausreichend für den Schulgebrauch bearbeitet bzw. ausgewählt sind, wie Mirabeau's Reden (von Fritsche), Taines Origines (Leipzig, Renger), Macaulay I, 1, 3 mit Auswahl u. A.

---

[1] Vgl. Schwartzkopf, Shakespeare auf ewigem Grunde.

2. Kapitel.
Die Methode der Unterweisung.

Für einen Lehrer, welcher nicht blofs christlich getauft, sondern auch christlich gesinnt ist, liegt die Frage der Methode sehr einfach. Da er weifs, dafs die Liebe das Lebensprinzip ist, so weifs er auch aus Erfahrung, dafs sie das Erkenntnisprinzip ist: die Liebe bedeutet Hingabe, die Hingabe Verständnis, Verständnis das rechte Verfahren, das rechte Verfahren Erfolg; so ist es in dem Unterricht, so ist es in der Erziehung, wie ich anderwärts weiter ausgeführt habe. Wer den Heiland kennt und in sich trägt, der kennt auch seine Methode und hat in sich die Kraft seines Geistes; er ist überall seines Erfolges sicherer als irgend ein Anderer, man müfste denn nur an äufseren Erfolg denken.

Die Verdienste Herbart's um die Bildung der Methode sind nicht zu bestreiten, nur mufs man seine metaphysische Grundlage und seine spezifischen Forderungen nicht dahin rechnen. Was jeder vernünftige Lehrer vor ihm gethan hat, ist von ihm in ein System gebracht worden, was in diesem über jenes hinausgeht, wird immer nur von Einzelnen angenommen werden. Es ist ja auch schon anderwärts ausgesprochen worden — wenn ich mich recht erinnere von Heinzelmann-Erfurt —, dafs jener gemeinsame pädagogische Besitz sich in 6 Punkte formulieren läfst:

1. Erziehen und Unterrichten ist eine Kunst; 2. ihre höchste Aufgabe ist die Charakterbildung; 3. Hauptmittel ist die Einwirkung auf den Intellekt (hierbei ist das Hauptmittel des Beispiels übersehen, sowie das Gesetz, dafs Gleiches nur von Gleichem erzeugt werden kann: Liebe nur von Liebe, Charakter nur von Charakter, Glauben nur von Glauben; wer Wasser fahren will, bedarf des Wassers, wer die Sonne sehen will, der Sonne; wer Gutes hervorrufen will, bedarf des Guten, denn wie es in den Wald schallt, so schallt es heraus, und Trauben kann man nicht von Disteln lesen).

4. Hauptmittel jener Einwirkung auf den Intellekt im Unterricht ist die unausgesetzte Erregung der Selbstthätigkeit, des Interesses der Schüler. 5. Hauptmittel zur Erweckung dieses Interesses ist die Anknüpfung des neuen Unbekannten mit altem Bekannten, sowie die Verknüpfung gleichartiger Vorstellungen verwandter Gedankenkreise. 6. Der erziehende Unterricht ist ein Ganzes, welches

in einer Reihe von Einzelheiten verläuft, deren einzelne Glieder im stufenmäfsigen Fortschritt sich auf das beständig im Auge zu behaltende Ziel bewegen.

Hieraus folgt vor allem, dafs jede Methode, welche zu ihrem Ziele kommen will, darauf Bedacht nehmen mufs, eben durch jene Anknüpfung nicht blofs das Interesse des Schülers anzuregen, sondern auch seinem Fassungsvermögen zu entsprechen; sie mufs die Lernbegierde reizen durch mafsvolle, klare und entsprechende Stoff-Behandlung bezw. -Darbietung; sie mufs Befriedigung gewähren durch die Erreichbarkeit der jedesmaligen Forderung und gewährt sie durch das abschnittlich oder stündlich Erreichte. Der Unterrichtsweg ist demnach in soviel Stationen zu zerlegen, als es kleine Unterrichtsabschnitte giebt, und diese müssen, wenn irgendmöglich, in jeder Unterrichtsstunde liegen. Nur das gewährt dem Schüler Freudigkeit — und diese ist nach Göthe die Mutter aller Tugenden —: die Gewifsheit, dafs er etwas erreicht hat und demgemäfs noch mehr erreichen kann; die Klarheit aber, das Lichtvolle der Darstellung und die entsprechende Auffassung des Schülers wirkt nicht blofs intellektuell entsprechend auf diesen, sondern auch entsprechend auf die Gefühle und Affekte z. B. klärend, beruhigend, festigend; auf der Anschaulichkeit beruht das Vertrauen, das Glauben des Schülers; Wärme und Leben in der Darbietung des Stoffs erwärmen und beleben den Schüler; diese aber wirken nicht blofs auf das Herz, sondern auch auf eine erhöhte Teilnahme des Kopfs, denn der Mensch ist ein Organismus. Eine solche Methode, zumal wenn sie von christlichem Geiste getragen und geleitet ist, schafft auch in der Schule Zufriedenheit, Lust zum Gehorsam, Entwicklung der Individualität.

Es ist leicht, diese Grundsätze theoretisch auf die einzelnen Fächer anzuwenden, dafs dies auch praktisch geschähe, haben wir Schulmänner fast allein in der Hand.

In Rechnen und Mathematik vor allem ist deshalb nicht die dogmatische, sondern die entwickelnde Methode anzuwenden, und so ist es auch in allen übrigen Unterrichtsfächern mit mehr oder weniger Modifikation zu fordern und durchzuführen. Für den Unterricht in den neuen Sprachen ist dies bei einzelnen Anstalten schon durchgeführt, z. B. an der hiesigen;[1] das geist-, form- und gehaltlose Häcksel des Plötz wird bald ein völlig überwundener Standpunkt

---

[1] Vergl. den Lehrplan für franz. Unterricht von Walter und Kühn.

sein, und ihm wird Ostermann und Genossen folgen müssen. Dazu bedarf es allerdings eines vollständigen Bruchs mit der heutigen Lehrmethode in den alten Sprachen. So wenig als ein formulierter philosophischer oder sozialpolitischer Katechismus das betreffende Verständnis erzielen kann, so wenig kann es ein grammatischer; Erkenntnis erzielen und Erkanntes im Gedächtnis aufspeichern sind sehr verschiedene Dinge. Und wenn in den alten Sprachen jene erzielt werden soll, dann muſs[1]) der „ganze Grammatizismus" samt „lateinischer Imitation" und dem gedankenlosen und leeren Satzhäcksel über Bord. Dann, aber auch nur dann wird der Unterricht in den klassischen Sprachen die oben bezeichneten Früchte des Geistes und des Herzens auch seinerseits wachsen und zeitigen helfen.

3. Kapitel.
Die Erziehung.

Was ich an der Spitze des vorigen Kapitels ausgesprochen habe, gilt in noch erhöhtem Maſse für die Erziehung, für welche das Christentum nicht bloſs Zweck und Ziel, Methoden und Mittel, sondern auch die Kräfte darbietet.[2]) An dieser Stelle kann ich nur einige Punkte zur Erwägung stellen.

Je geringer der Anteil der öffentlichen höheren Lehranstalten an der Erziehung ist und, wie die Sachen heute liegen, nur sein kann, desto genauer müssen die an ihnen wirkenden Lehrer ihre Erziehungsobjekte zu kennen suchen, desto sorgfältiger ihre Erziehungsmittel — zu denen ihre Unterrichtsmethode wesentlich gehört — abwägen, desto zweckmäſsiger sie anwenden. Die hier in Betracht kommenden Erziehungsmittel sind nur wenige. Sie sind — auſser der Methode —: das Beispiel, Lob, Lohn, Verheiſsungen, Warnungen, Belehrungen, Zurechtweisungen, Bedrohung, Strafe, es sind also Liebe und Furcht, aber keine Affenliebe und keine knechtische Furcht, sondern die rechte Liebe, die sich zum Strafen zwingt, wenn sie es für nötig hält, die kindliche Furcht, die sich scheut, dem Geliebten etwas zu Leid zu thun oder zu unterlassen. Solche Erziehung bringt

---
[1]) Vergl. Frick, Lehrproben, Heft 28, S. 89 ff.
[2]) Vergl. mein früher zitiertes Buch S. 74 ff.

freudigen Gehorsam, der sich selbst zu zügeln sucht; Zufriedenheit des Herzens, Strebsamkeit, die sich nicht auf das Äufsere richtet und an ihm hängt, individuelle Kraft und Bestimmtheit ohne Überhebung und Selbstverblendung; nur eine Erziehung, welche des Berufers nicht vergifst, kann Neigung zum Berufe erkennen und fördern, denn ohne Berufer giebt es keinen Beruf, wie es keinen Ruf ohne Rufer geben kann.

Die Erziehungsobjekte sind durchweg unmündig; man hat aber die Stufen der Unmündigkeit wohl zu berücksichtigen und dementsprechend namentlich die Erziehungsmittel zu modifizieren; die Erziehungsobjekte sind aber auch nicht isoliert, sie stehen in Beziehung mit ihrer Umgebung, und in welchem Grade diese wirkt, lehrt die Biologie. Nun sind aber Unmündige insofern jenen Einwirkungen weniger unterworfen, als die Umgebung sich an ihnen noch nicht hat auswirken können, sie sind es aber in höherem Grade, weil sie jenen Einwirkungen keinen selbstbewufsten Willen, keinen Charakter, keine klare Lebenserfahrung entgegensetzen können. Aut diesen beiden Thatsachen beruht die Möglichkeit der Erziehung, wie ihre Notwendigkeit.

Da erfahrungsmäfsig der Zögling individuelle Anlagen mitbringt, so mufs der Erzieher diese zuerst verstehen lernen. Hierbei hat er sich aber vor allem vor der systematischen Psychologie zu hüten, die nur gewisse allgemeine Sätze lehren kann und im Übrigen voll Irrtümer steckt, hier kann nur die empirische Psychologie helfen; und je mehr der Lehrer von dem Lebensprinzip der Liebe, also auch der Wahrheit, der Vorurteil- und Selbstlosigkeit erfüllt ist, desto mehr eignet ihm der identifikatorische Blick, der Tief- und Durch-, der Wahrheitsblick. Der Erzieher hat sich aber auch vor der oberflächlichen Vererbungstheorie zu hüten, welche ohne weiteres die Eigenschaften der Eltern in den Kindern sucht; dafs dies ganz verkehrt ist, hat in der neuesten Zeit besonders Weismann bewiesen.

Fragt sich der Erzieher nun nach den Eigenschaften der Umgebung, die auf seinen Zögling einwirken, so kommen aufser der Schule entscheidend in Betracht: Familien-, Orts-, Zeitgeist. Je genauer der Erzieher Eltern und Voreltern seines Zöglings kennt, desto sicherer kann er auf die spezifischen Wirkungen der Vererbung bzw. Veranlagung schliefsen und darnach seine Thätigkeit einrichten; ist ihm dies nicht oder nur in ganz oberflächlicher Weise möglich — bei grofsen Anstalten ist jenes die Regel — so bleibt ihm nur die Kombination der Individualanlagen des Zöglings, die er vor sich hat, mit den spezifischen Elementen des Orts- und Zeitgeistes übrig. Zu dieser Kombination ist er aber nur im Stande, wenn er nicht blofs im Wissen und Glauben, sondern auch im Leben steht, und wenn er Geistes- und Wahrheitskraft genug hat, sich von Orts- und Zeitgeist zu isolieren, und zwar so, dafs er ihn weder zu dunkel noch zu licht ansieht, sowie dafs er nicht an Einzelerscheinungen oder gar Äufserlichkeiten hängen bleibt. Dafs sonach die Erkenntnis des Zeitgeistes von gröfster Bedeutung auch für den Erzieher ist, liegt auf der Hand.

Wie gelangen wir aber zur Erkenntnis desselben?

Da Weisheit sich nicht aufdrängt, sondern gesucht sein will, so müssen wir auf die Suche gehen; und da der Zeitgeist „im Grund der Herren eigner Geist" ist, so müssen wir bei diesen herumfragen und hören. Und was hören wir da? Die Eltern klagen über die Kinder und umgekehrt, die Schüler über die Lehrer und umgekehrt, die Alten über die Jungen und umgekehrt; die Unteren über die Oberen, die Reichen über die Armen, die Meister über die Gesellen, die Arbeiter über die „Unternehmer", die Konsumenten über die Produzenten, die Gäste über den Wirt, die Herrschaften über die Dienstboten, die Unterthanen — für dieses Wort mufs man schon um Verzeihung bitten — über die Obrigkeit — und umgekehrt; es ist ein Zustand, in dem Jedermann wider Jedermann ist, es ist der innere Krieg Aller gegen Alle; Adel vergoldet seine Stammbäume mit erheiratetem Mammon, Mammonsritter wollen auch wirkliche Ritter werden, Bürgerliche behängen sich mit „gnädigen" Titeln, jedes Dienstmädchen ist ein „Fräulein", dazu will der Stand es dem andern gleichthun, der ihm „über" ist: Luxus, Genufs-, Erwerbssucht überall. Und dabei klagen sie sich Alle an der Selbstgefälligkeit und Eitelkeit, der Hoffahrt, des Hochmuts, der Unbarmherzigkeit, der Ehrsucht, des Strebertums, der Habsucht, des Neids und Hasses; Bequemlichkeit, schlechte Launen, Unfreundlichkeit, Unruhe, Ungeduld, Unfriede, Zorn, Trotz, Eigensinn und Selbstbetrug, Arglist, Falschheit, Lüge und Ungerechtigkeit; Zweifelsucht, Hohn, Beschimpfung, Gedankenlosigkeit, Dumpfheit und Stumpfheit scheinen unsre Zeit zu erfüllen; Misstrauen gilt für ein nötiges Erforderniss, Glauben und Vertrauen für eine Thorheit. Und hat uns nicht Schiller in Wallensteins Tod längst gelehrt, dafs „Krieg ist ewig zwischen List und Argwohn, nur zwischen Glauben und

Vertrauen ist Friede". Jeder besteht heute auf seinem vermeintlichen „Rechte", dafs dem Recht stets eine Pflicht gegenübersteht, hat nur noch im altgermanischen Recht eine Stelle; jeder hält seine Arbeit für die schwerste und klagt über sie, der sog. Gebildete meidet jede Berührung mit dem „gemeinen Mann" und wenn einmal Einer von jenen eine Ausnahme macht, so begegnet er bei diesem nicht selten einer brutalen Zurückweisung. Weshalb dies Alles? Weil eben jeder nur das Seine sucht: das Lebensprinzip des Zeitgeistes ist die rücksichtsloseste Selbstsucht, diese furchtbare Menschengeifsel, die eine Gottesgeifsel, eine Zuchtrute ist, und, wenn sie als Zuchtrute auf das herzensharte Geschlecht nicht mehr wirkt, zur Vernichtungsgeifsel wird.

Gegen ein solch satanisches Lebensprinzip kann nur das göttliche Lebensprinzip helfen, und das ist kein andres als die Liebe. Sie ist das „Beste in der Welt", — die Selbstsucht ist das Schlimmste in der Welt —; sie bringt den „Frieden" — die Selbstsucht den Unfrieden —; sie bringt das „Schönste im Leben" — die Selbstsucht aber das Häfslichste.

Dieses Lebensprinzip der Liebe gilt es wieder in dieser Welt der Selbstsucht und des Unfriedens, in uns, in unsern Zöglingen einzupflanzen, oder alles wird Flickwerk, dessen Haltbarkeit zweifelhaft bleibt. Je mehr wir Lehrer uns mit Liebe erfüllen, desto mehr werden wir die Wahrheit des Göthe'schen Worts erfahren: „Man lernt von dem, den man liebt". Und wie erlangen wir die Liebe? Indem wir die Werke der Liebe thun gegen alle Bedürftige, seien sie auch Unwürdige — wie würdig sind wir selbst? —, indem wir uns in Gottes Wesen versenken, das ja die Liebe ist, und uns in Seine Liebe vertiefen. Dann erhalten wir die Liebe, dieses Lebensprinzip, welches ist das „Band aller Vollkommenheit". Wie die Dunkelheit nur durch das Licht, die Kälte nur durch die Wärme, der Un- und Aberglauben nur durch den Glauben vertrieben wird, so die Selbstsucht nur durch die Liebe. —

Um Mifsverständnissen bezw. Mifsdeutungen zu begegnen, bemerkt der Verfasser zum Schlufs folgendes:
1. Die artikellose Fassung des Themas soll die bezüglichen Unterweisungen als gelegentliche und unverbindliche bezeichnen.
2. Die Fassung soll bereits andeuten, dass mit dem „Entwurf" ein „Kampf" gegen die Sozialdemokratie nicht von der Schule gefordert wird. Und wenn S. 65 gesagt wird, dafs wir Schulmänner Grund hätten, „planmäfsig an die Gegenarbeit zu gehen", so wird dies im Nachsatz dahin erläutert, dafs wir „das heranwachsende Geschlecht zu tüchtigen deutschen Männern, Christen und Staatsbürgern zu bilden" hätten. Wer dies Ziel nur zum Teil anerkennt, wird darnach auch seine pädagogische Arbeit modifizieren müssen.
3. Eine unmittelbare Bekämpfung der Sozialdemokratie könnte nur durch einen entsprechenden fachmäfsigen Unterricht versucht werden; dieser Versuch ist in dem „Entwurf" abgelehnt worden.
4. Durch den vorgeschlagenen Gelegenheitsunterricht sollen aber die bezüglichen Unterrichtsfächer nicht einem heterogenen Zweck dienstbar gemacht werden, sondern die Gelegenheiten, welche der bezügliche Unterricht bietet, sollen ohne Zwang und nach freier Ueberzeugung eines Jeden dazu benutzt werden, um Kenntnisse, Vorstellungen, Empfindungen etc. zu erzielen, welche dem genannten Bildungsziel zuführen. Es handelt sich also nicht um einen Mifsbrauch des Unterrichts zu heterogenen Zwecken, sondern um die Betonung derjenigen Unterrichtsteile und Erziehungsmomente, die für Erreichung jenes Bildungsziels besonderen Wert haben.
5. Nicht das negative Ziel des Kampfes gegen die Sozialdemokratie, nicht allein das Ziel, unsre Schüler gegen diese zu wappnen, ist durch den „Entwurf" gesteckt worden, sondern das obengenannte positive Ziel, welches insbesondere darin seine Speziali-

sierung erhält, dafs unsere Schüler, so viel an uns und ihnen liegt, Herz für die Bedrängten, Urteil über das Berechtigte und Unberechtigte in den Klagen bezw. Lehren der Sozialdemokratie, sowie den ernsten Willen zur Besserung haben.

6. Nach den amtlichen Erlassen ist die neueste Geschichte bis 1888 vorzunehmen. Dafs die Behörden damit die Lehrer veranlassen wollten, ihren Unterricht zu dem zu machen, was man wohl einen „Tummelplatz politischer Parteimeinungen" nennen könnte, wird Niemand glauben; dafs dies aber durch eine ungeeignete Behandlung leicht geschehen könnte, wird Niemand bezweifeln.

7. Die S. 80 ff. abgedruckte Übersicht über die neueste Geschichte soll nur ein Beispiel sein, wie es einmal von Einem unter bestimmten örtlichen, persönlichen etc. Verhältnissen mehrere Jahre gemacht worden ist — im Rahmen einer bestimmten Ueberzeugung —, ohne dafs dadurch ein irgendwie merkbarer Anstofs gegeben worden wäre. Dafs ein Anstofs nach Änderung der bezüglichen Faktoren gegeben werden könnte, liegt auf der Hand. Und wenn trotz all dieser sehr naheliegenden Bedenken jenes Beispiel doch abgedruckt worden ist, so geschah dies lediglich aus Rücksicht auf diejenigen Schulmänner, welchen dieser Abschnitt der Geschichte fremder geblieben ist.

8. Jeder Schulmann muss eben nach bestem Wissen und Gewissen sowohl das ausscheiden, was er vor seiner Überzeugung nicht glaubt vertreten zu können, als auch das, was ihm unter den gegebenen Umständen oder aus allgemeinen Gründen Anstofs geben zu können scheint, denn es soll ja — nach S. 70 — nur der „Wahrheit" sowie der „Klarheit und inneren Harmonie" gedient werden.

9. Nur im Geiste der Wahrheit und Liebe kann eine so schwierige Aufgabe zu lösen versucht werden. Wer ihr ernste Ueberzeugungsbedenken, oder innere Unsicherheit entgegenbringt, leistet sich und der Sache einen Dienst, wenn er — vorerst wenigstens — seine Mithilfe versagt.